# ZERSTÖRTE KINDHEIT UND JUGEND

## MEIN LEBEN UND ÜBERLEBEN IN BERLIN

## Editorische Anmerkung

Die vorliegende Lebensgeschichte erstellte Regina Scheer auf Grundlage von zwei Interviews, die Barbara Kurowska und Dr. Daniel Baranowski für das Videoprojekt *Sprechen trotz allem* der Stiftung Denkmal für die ermordeten Juden Europas im Mai und im November 2011 in Berlin und in Tel Aviv mit Regina Steinitz führten. Sie wurde in Auswertung zahlreicher Gespräche zwischen Regina Scheer, Regina Steinitz und Ruth Malin sowie durch Archivrecherchen ergänzt. Regina Steinitz hat diese Autobiografie autorisiert. Die Übersetzung des Nachworts von Ami und Schlomit Steinitz aus dem Hebräischen besorgte Regina Schulz.

Die Stiftung Denkmal für die ermordeten Juden Europas
wird institutionell gefördert durch

Die Beauftragte der Bundesregierung
für Kultur und Medien

aufgrund eines Beschlusses des Deutschen Bundestages

## Impressum

Herausgegeben von Leonore Martin und Uwe Neumärker
Stiftung Denkmal für die ermordeten Juden Europas

1. Auflage 2014
V. i. S. d. P. / Redaktion: Uwe Neumärker
Korrektorat: Andrea Thuile
Umschlagabbildung: Berlin-Mitte, Koppenplatz, 1936:
Regina und Ruth Anders' erster Schultag.

Satz, Gestaltung und Litho: buschfeld.com – graphic and interface design, Berlin
Druck und Bindung: Bonifatius GmbH, Paderborn

Sämtliche Ergebnisse bzw. Informationen
beziehen sich auf den Stand vom 31. Juli 2014.


ISBN 978-3-942240-16-1

Die Deutsche Nationalbibliothek verzeichnet diese Publikation in der Deutschen Nationalbibliografie. Detaillierte bibliografische Daten sind im Internet über ›http://dnb.ddb.de‹ abrufbar.

www.stiftung-denkmal.de

Regina Steinitz mit Regina Scheer

# ZERSTÖRTE KINDHEIT UND JUGEND

## MEIN LEBEN UND ÜBERLEBEN IN BERLIN

Herausgegeben von Leonore Martin und Uwe Neumärker

Stiftung
Denkmal für die
ermordeten Juden
Europas

# INHALT

# VORWORT

Bis 1933 gehörten jüdische Bürgerinnen und Bürger Berlins selbstverständlich zur Gesellschaft unserer Stadt, und Berlins Rolle als Weltstadt in den 1920er Jahren ist ohne seine lebendige jüdische Gemeinschaft nicht denkbar. Einen ebenso tiefen wie furchtbaren Einschnitt in der deutsch-jüdischen Geschichte stellt daher die Machtübertragung an die Nationalsozialisten dar. Mit ihr setzte eine beispiellose Diskriminierung der Juden ein. Sie wurden zu Fremden im eigenen Land gemacht, mussten untertauchen, wurden aus ihrer Heimat vertrieben, verschleppt und ermordet. Regina Steinitz legt darüber ein besonderes Zeugnis ab, vor allem für die Kinder aus dem Heim in der Fehrbelliner Straße 92 im Prenzlauer Berg.

55.000 jüdische Kinder, Frauen und Männer wurden aus Berlin verschleppt und ermordet oder blieben verschollen. Berlin unternimmt große Anstrengungen, die Erinnerung an sie wachzuhalten. So findet seit 2011 jährlich am 18. Oktober eine Gedenkstunde am Mahnmal *Gleis 17* anlässlich des Jahrestages des ersten ›Judentransports‹ aus Berlin 1941 statt. Hunderte Menschen nehmen daran regelmäßig teil, um auch ein Zeichen gegen Intoleranz, Ausgrenzung und Antisemitismus in der Gegenwart zu setzen. Das 775-jährige Stadtjubiläum war uns Anlass, unter der Überschrift *Zerstörte Vielfalt* zu zeigen, welchen dramatischen Verlust die Verfolgung und Ermordung der Juden durch die Nazis für unsere Stadt bedeutete und wie sehr Einwanderer über die Jahrhunderte hinweg die positive Entwicklung Berlins geprägt haben. Über 5.000 ›Stolpersteine‹ wurden bereits auf Berliner Bürgersteigen verlegt – kleine Gedenktafeln aus Messing für Opfer des NS-Regimes, angebracht vor ihrem letzten selbstgewählten Wohnort. Und an zahlreichen historischen Orten erinnern Informations- oder Gedenktafeln an das einstige jüdische Leben in unserer Stadt. Ein solcher Ort ist auch das Jüdische Kinderheim in der Fehrbelliner Straße 92, wo die Zwillingsschwestern Regina und Ruth ab Februar 1940 nicht nur Zuflucht, sondern eine Familie fanden – bis die Einrichtung im Sommer 1942 aufgelöst und die meisten ihrer Bewohner deportiert und ermordet wurden.

Die offene und ehrliche Auseinandersetzung mit dem Völkermord an den europäischen Juden und mit den Verbrechen des Zweiten Weltkrieges ist zu einem Teil unserer Identität als weltoffener und toleranter Metropole geworden. Und es bleibt auch in Zukunft wichtig und notwendig, dass wir die Erinnerung an die Verbrechen der Schoah und den ungeheuren menschlichen wie kulturellen Verlust bewahren – dass Erinnerung gelebt wird und dass das wiedererstandene jüdische Leben als lebendiger Teil unseres Alltags be- und geachtet wird. Und: Dass wir wachsam gegenüber allen Formen von Diskriminierung sind und alles tun, um eine weltoffene und tolerante Atmosphäre zu schaffen, die uns vor einem Rückfall in die Barbarei bewahrt. Solche Verbrechen dürfen nie wieder geschehen.

Mein Dank gilt vor allem Regina Steinitz, die in hohem Alter nach langem Schweigen und Zögern die Mühe auf sich genommen hat, ihre Erinnerungen zusammen mit Regina Scheer aufzuschreiben. Entstanden ist ein außergewöhnliches Gedenkbuch, dessen Lektüre zutiefst bewegt. Ich danke auch der Stiftung Denkmal für die ermordeten Juden Europas, die dieses Buch in ihrer Zeitzeugenreihe veröffentlicht und so einen wichtigen Beitrag dazu leistet, die Erinnerung an dieses dunkle Kapitel unserer Geschichte an die nächsten Generationen weiterzugeben.

Klaus Wowereit
Regierender Bürgermeister von Berlin

Mein Name ist Regina Steinitz, als Regina Anders bin ich am 24. Oktober 1930 in der Charité in Berlin-Mitte geboren worden, zusammen mit meiner Zwillingsschwester Ruth. Unsere Familie war jüdisch.

Ich habe viele Jahrzehnte gebraucht, um über meine Kindheit sprechen zu können. Erst mit über 80 Jahren entschloss ich mich, meine Erinnerungen oder doch einen Teil davon zu veröffentlichen – zum Gedenken an unsere Eltern und Brüder sowie an alle mutigen Menschen, die uns halfen zu überleben. Vor allem aber zur Erinnerung an alle die, deren Leben gewaltsam beendet wurde.

## FAMILIENLEBEN

Unsere Mutter war 1905 in Berlin als Christin geboren, als Martha Anders.

In der Gegend von Berlin-Mitte, wo wir wohnten, in der Spandauer Vorstadt und im Scheunenviertel, lebten jüdische und christliche Menschen eng beieinander, mehr oder weniger nachbarschaftlich. Meine Mutter hatte als junges Mädchen viele jüdische Freunde, mit denen sie Feste feierte und durch die sie das jüdische Leben früh kennenlernte. Dann hat sie sich in einen sehr netten jüdischen Mann verliebt, Moritz Rajfeld, einen Fotografen mit eigenem Geschäft. Er muss ein sehr musischer, sehr sensibler Mensch gewesen sein, er fotografierte und schrieb Gedichte. Sie heiratete ihn mit 18 Jahren und trat zum Judentum über. Nun hieß sie Martha Rajfeld. Zwei Söhne wurden 1924 und 1926 geboren, unsere Brüder Theo und Benno. Doch der erste Mann unserer Mutter starb an Tuberkulose, als er 26 Jahre alt war. Sie hat ihn zuvor zwei Jahre lang mit großer Liebe gepflegt und dabei sogar von seinem Löffel gegessen, um ihm zu zeigen, er brauche keine Angst vor der Krankheit zu haben. Sie hat sich dabei angesteckt, das war später ihr Unglück und unseres auch. Moritz Rajfeld hatte einen sehr guten, etwas jüngeren Freund, der hieß Simon Welner und arbeitete auch in dem Fotogeschäft. Er war so etwas wie Lehrling bei Moritz Rajfeld. Er versprach seinem Freund, nach dessen Tod auf Martha und die beiden kleinen Söhne achtzugeben, sie zu unterstützen. Simon Welner nahm dieses Versprechen sehr ernst, er kümmerte sich um die Witwe, aus der Fürsorge wurde Liebe, die beiden kleinen Jungen kannten eigentlich gar keinen anderen Vater, für sie war er der Papa. Und als meine

Schwester und ich 1930 geboren wurden, waren wir eine glückliche Familie. Aber da sie nicht geheiratet haben, trugen wir Zwillinge den Mädchennamen meiner Mutter. Das sollte später unsere Rettung sein, aber als kleines Kind störte es mich manchmal, dass wir drei Namen in der Familie hatten: Papa hieß Welner, meine Brüder und die Mutter Rajfeld – und wir Zwillingsschwestern waren Regina und Ruth Anders. Aber eigentlich störte mich nicht das, sondern dass wir immer wieder danach gefragt wurden und erklären sollten, wie es zu den verschiedenen Namen kam. Als wir klein waren, erledigten ja unsere Eltern alle Ämterangelegenheiten, aber später mussten wir selbst oft in der Schule oder bei Behörden unsere Lage erklären und darunter habe ich immer etwas gelitten. Schon früh hatte ich deshalb das Gefühl, irgendwie anders zu sein, als ob etwas nicht stimme mit unserer Herkunft. Meine Eltern, so wurde es in der Familie erzählt, wollten ja heiraten, aber als sie zum Standesamt gingen, zischte der Beamte ihnen etwas von Rassenschande zu und schickte sie wieder weg. Das muss 1934 gewesen sein, noch vor den Nürnberger Gesetzen. Für die Nazis war meine Mutter eigentlich keine Jüdin, obwohl sie Mitglied der Gemeinde war und uns selbstverständlich jüdisch erzog. Die erkannten den Übertritt nicht an. Umgekehrt blieb für sie ja auch ein Jude ein Jude, wenn er längst aus dem Judentum ausgetreten war. Sie waren eben Rassisten. Aber da unsere Mutter sich doch hartnäckig zum Judentum bekannte, musste sie ab Januar 1939 wie alle Jüdinnen den Zusatznamen *Sara* führen.

Als ich vor einigen Jahren mit meinem Bruder Benno – im Kibbuz nannten sie ihn Benjamin – darüber sprach, stellte sich heraus, dass er die Sache mit den verschiedenen Namen gar nicht so problematisch erlebt hat. Vielleicht auch, weil ihm später so viel Schlimmeres in seinem Leben widerfahren ist, er hat Auschwitz überlebt. Rajfeld, Welner, Anders, ihm war das egal. Wir waren seine Schwestern, Theo unser Bruder, niemals haben wir uns als Halbgeschwister empfunden. Unsere Mutter war unsere Mutter und Simon Welner Vater für uns alle vier.

Vielleicht war unser Vater so einfühlsam, weil er selbst mit 13 Jahren seine Eltern verloren hat. Das war in Krakau in Polen. Er war der jüngste Sohn, seine ältere Schwester Hella Wassermann und ihr Mann Jaakow lebten damals schon in Hamburg, sie nahmen sich seiner an und holten ihn zu sich, er wurde ihr fünftes Kind. Später ging er dann nach Berlin, wo auch einer seiner Brüder mit der Schwägerin lebte. Aber er hatte keinen deutschen Pass, er war ein sogenannter Ostjude, galt als Pole. Von 1935 an musste er sich regelmäßig auf dem Polizeipräsidium am Alexanderplatz melden, um seine Aufenthaltserlaubnis verlängern zu lassen.

Wie es weiterging mit den polnischen Juden, weiß man heute. Im November 1938 wurden sie alle brutal ausgewiesen, 17.000 aus dem ganzen Deutschen Reich, in Sonderzügen abtransportiert und im Niemandsland an die Grenze gestellt. Unserem Vater blieb das erspart.

1937 konnten seine Geschwister mit ihren Familien dann in die USA auswandern, wo bereits ein Bruder lebte. Unserem amerikanischen Onkel Aaron gelang es, auch für seinen Bruder Simon eine Einreisegenehmigung in die USA zu bekommen und so konnte unser Vater Anfang 1938 noch Deutschland verlassen. Die Arbeitserlaubnis war ihm da schon entzogen worden.

Damit ging die schöne Zeit unserer Kindheit zu Ende.

Aber an die Jahre davor habe ich viele gute Erinnerungen, wir hatten eine wunderbare Kindheit. Von diesen Erinnerungen zehren meine Schwester und ich heute noch. Meine Eltern müssen wenig Geld gehabt haben, aber davon bekamen wir Schwestern nichts mit, wir hatten alles, was wir brauchten. Zuerst wohnten wir in der Mulackstraße, die lag im berüchtigten Scheunenviertel, aber an diese Zeit kann ich mich gar nicht erinnern. Mein Bruder Benno schon, er hat mir erzählt, dass er vor einigen Jahren dort war und das Haus Nr. 40 auch gefunden hat. Es ist sehr schön saniert worden, rote Teppiche lagen im Treppenhaus. Heute ist das eine schicke Gegend mit teuren Wohnungen, damals lebten dort arme Leute eng beieinander, viele waren jüdisch. Später zogen wir dann in die Auguststraße 50 b ins Hinterhaus, in Berlin sagt man auch Gartenhaus. Es war wirklich ein Gartenhaus, denn dahinter lag ein winziger Garten, den nur unsere Familie nutzte, denn wir wohnten parterre. Dort stand ein Vogelhäuschen, das Benno für seine kleinen Schwestern gebaut hatte. Wir beobachteten fasziniert, wie die Vögel, meistens Spatzen, hin- und herflogen. Zwei Zimmer hatte unsere Wohnung und einen langen Flur, von dem unser Vater eine Dunkelkammer abgetrennt hatte. Das Fotogeschäft war nicht mehr da. Aber er war ein leidenschaftlicher Fotograf, das hatte er ja bei Moritz Rajfeld gelernt. Er fotografierte dann nur noch für sich selbst, vor allem unsere Familie, er entwickelte Negative und retuschierte, viele Familienfotos nahm er bei seiner Ausreise mit und so habe ich heute Bilder aus unserer glücklichen Kindheit, sogar Babyfotos. Solange er es durfte, half er unserer Mutter, die sehr fleißig war und mit dem Verkauf von Blumen Geld verdiente. Und er half in unserem kleinen Haushalt, bei vier Kindern gab es genug zu tun. Er konnte einfach alles, sogar unsere Schuhsohlen erneuerte er und schnitt uns die Haare. Besonders begabt war er beim Schneidern, später in den USA wurde das sein Beruf. Alles, was zu reparieren war, konnte er reparieren: Radios, Lampen, Bügeleisen. Und er kochte wunderbar. Wenn ich an seine Gulaschgerichte denke ... Oder an die Matzeklöße! Den Matzebrei zu Pessach nannte er »Buberle«. Er war ein außergewöhnlicher Mensch, still, introvertiert, aber sehr verantwortungsvoll. Er hatte ein gutes Herz. Und er sprach mehrere Sprachen, ohne sie auf einer Schule gelernt zu haben. Er las auch viel, in mehreren Sprachen, und wusste daher gut über alles Bescheid.

Die Auguststraße lag nicht weit von der Mulackstraße entfernt, aber es war eine ganz andere Gegend: bürgerlicher, mit schöneren Häusern und teilweise großen Wohnungen. Da wohnten nicht nur Arbeiter, sondern auch viele Mittelschichtfamilien, in den Vorderhäusern auch Rechtsanwälte und Akademiker. Heute wird die Spandauer Vorstadt, zu der die Auguststraße gehört, immer mit dem Scheunenviertel östlich der Rosenthaler Straße verwechselt, aber es war nicht dasselbe. Doch auch hier lebten jüdische und nichtjüdische Nachbarn eng beieinander, es gab viele jüdische Einrichtungen in dieser Straße und um die Ecke in der Artilleriestraße [heute: Tucholskystraße], in der Gipsstraße, in der Großen Hamburger, in der Oranienburger Straße. Die Neue Synagoge, von der man sagte, es sei die schönste Synagoge Deutschlands, war keine fünf Minuten von unserer Wohnung entfernt. Das war die Gegend meiner Kindheit.

Wir Zwillinge waren noch keine drei Jahre alt, als Hitler an die Macht kam. Obwohl man die Bedrohung sicher spürte, versuchten unsere Mutter und unser Vater alles, um uns die Kindheit so schön wie möglich zu machen. Ich erinnere mich an viele Ausflüge. Oft waren wir im Tiergarten spazieren. Im Lustgarten, der auch nicht weit entfernt von unserer

Wohnung lag, fütterten wir die Tauben, am Spreeufer sahen wir den Lastkähnen zu. Manchmal fuhren wir mit der S-Bahn zum Stößensee oder zum Wannsee, auch in den Treptower Park oder zum Grunewald, hatten einen Korb mit Speisen und Getränken dabei und genossen unser Zusammensein. Solche Ausflüge in die schöne Umgebung waren in Berlin üblich. Manchmal gingen wir auch zu Aschinger und aßen die duftende Erbsensuppe. Es war eine schöne Atmosphäre, wir hatten ein gutes Familienleben und wir Kinder fühlten uns geborgen.

Es gab so viele wunderbare Erlebnisse, an die ich mich erinnere. Dampferfahrten unter den Brücken der Spree entlang bis zum Müggelsee oder zur Woltersdorfer Schleuse, Besuche im Vergnügungspark, im Zoo. Ich weiß noch, wie begeistert wir die Elefanten, Löwen, Giraffen, Affen und den Fasanenvogel betrachteten, der seine prächtigen Federn vor uns ausbreitete. Meine Schwester Ruth hat an vieles dieselben Erinnerungen, da wir alles gemeinsam machten. Unser Vater war selbst erst als junger Mensch nach Berlin gekommen, so war er neugierig und wissbegierig, mit ihm zusammen entdeckten wir die Stadt und ihre Sehenswürdigkeiten. Wir waren in der Nationalgalerie, in den Museen auf der Museumsinsel, ich erinnere mich noch gut an den Kopf der Nofretete. Noch heute, wenn wir am Vorabend von Pessach den Sederabend feiern und vom Auszug aus Ägypten die Rede ist, muss ich an den Kopf dieser schönen ägyptischen Königin denken. Auch im Berliner Schloss waren wir, das jetzt wieder aufgebaut wird. Man konnte es damals wie ein Museum besichtigen. Am Eingang musste man Filzlatschen überstreifen, die wertvollen Möbel waren durch rote Kordeln von den Besuchern abgetrennt. Eine lustige Erinnerung verbinden wir mit diesem Schlossbesuch. Meine Schwester und ich, vier oder fünf Jahre alt, schlüpften unter der Kordel hindurch und setzten uns auf die samtbezogenen, antiken Sessel. Unser aufgeregter Vater hinter der Absperrung rief uns immer wieder zu, wir sollten sofort zurückkommen, aber uns gefiel es so gut auf diesen königlichen Möbeln, dass wir nicht gleich gehorchten. Außerdem sahen wir, dass die anderen Besucher, die sich langsam an der Kordel entlang bewegten, uns zulachten und sich amüsierten. Unser Vater wagte nicht, selbst hinter die Absperrung zu kommen, und war sehr erleichtert, als seine eigensinnigen Töchter endlich wieder bei ihm waren. Ende gut, alles gut, wir besichtigten dann an seiner Hand das ganze Schloss und haben dieses Erlebnis nie vergessen. Wenn ich hier in Israel mit ehemaligen Berlinern spreche, die nur ein paar Jahre jünger sind als wir, so haben sie solche Erlebnisse nicht. Denn all diese Dinge wurden für Juden bald verboten.

Auch in den Warenhäusern *Tietz* und *Hertie* am Alexanderplatz und in der Leipziger Straße waren wir, bei *Karstadt* am Hermannplatz. Wir staunten in den Spielzeugabteilungen, bewunderten die damals sehr berühmten Käthe-Kruse-Puppen. Wir Zwillinge sahen selbst wie Puppen aus, auf der Straße drehten sich die Leute nach uns um, wenn wir an der Hand unserer Eltern spazieren gingen. Unsere Kleidchen hatte unser Vater genäht, dazu besaßen wir die passenden Hütchen. Auch für meine Mutter nähte er. Ich erinnere mich an hellblaue Kleider, deren Kragen und Gürtel aus dunkelblauem Samtstoff waren, meine Schwester und ich trugen solche Kleidchen und für meine Mutter nähte er ein ebensolches, da waren wir drei ganz ähnlich angezogen. In dieser Zeit müssen meine Eltern viele Sorgen gehabt haben, aber wir Zwillinge und die Brüder wurden davon ferngehalten. Manchmal durften wir uns in einer Konditorei etwas aussuchen und wählten meistens eine Napoleonschnitte oder einen mit Creme gefüllten Liebesknochen. Das sind alles so wunderbare Erinnerungen, die uns keiner nehmen kann. Das haben unsere Eltern uns wie ein Geschenk mitgegeben, wer weiß, wie mühsam es für sie war, uns in dieser schon beängstigenden, schrecklichen Zeit so unbeschwert aufwachsen zu lassen.

Im Hintergrund, das spürten auch wir kleinen Mädchen, wuchs etwas anderes, Bedrohliches. Wir hörten Goebbels' hasserfüllte Stimme und die der anderen Machthaber im Radio. Den Sinn der Worte verstanden wir nicht, aber allein die Stimmen dieser Männer waren aggressiv. Wir waren ja kleine Kinder, aber wir haben gesehen, wie die SA durch die Straßen marschierte, die Fackelzüge haben wir gesehen. Es war etwas sehr Beunruhigendes, wir spürten genau, dass das nicht unsere Welt war. Bei uns in der Auguststraße und in den Nebenstraßen sah man viele fromme Juden mit Bärten. In der Artilleriestraße war das Rabbinerseminar von *Addas Jisroel* und ein Stückchen weiter die Hochschule für die Wissenschaften des Judentums. Das wussten wir damals nicht so genau, aber diese alten bärtigen Männer gehörten zum Straßenbild und ich sah mit Entsetzen, wie sie von jungen Deutschen geschlagen und gestoßen wurden. Wir kannten früh so brutale Wörter wie *Judensau* und *Judendreck* und wussten, dass auch wir gemeint waren. Das Gefühl, Menschen zweiter Klasse zu sein in den Augen vieler anderer, hatten wir von klein an. Das Wort *Polizeipräsidium*, das wir kannten, weil unser Vater sich da immer melden musste, war ein Schreckenswort. In einer Demokratie kann man sich das gar nicht mehr vorstellen, welche Ängste ein Wort wie *Polizeipräsidium* auslösen kann. Als unser Vater sich da regelmäßig melden musste, hat er immer gezittert, wenn er sich auf den Weg machte. Und meine Mutter mit ihm, man wusste ja nicht, ob er wiederkommen würde. Das haben wir Kinder genau gespürt. Doch die Welt, in der wir tatsächlich gewünscht und aufgehoben waren, geliebt wurden, war unsere Familie. Und all die Verbote kamen ja erst später.

Als kleine Mädchen waren wir manchmal im Kino mit unseren Eltern, die auch Theater, Ballett und Musik sehr liebten. An die kleine Shirley Temple erinnere ich mich, die uns alle begeisterte. Da wir auch so gern sangen und tanzten, sagte meine Mutter nach dem Kinobesuch: »Meine Püppchen werden später auch Tänzerinnen.« Vielleicht wäre es so gekommen, wenn nicht die Hölle schon auf uns gewartet hätte. Doch die Tochter unseres Bruders Benno wurde später in Israel Primaballerina des Kibbuz-Balletts.

Meine Mutter war das älteste von neun Kindern einer Arbeiterfamilie. Ihre christliche Mutter, unsere Großmutter Elisabeth Anders, wohnte auch in der Auguststraße 50 b in einer eigenen kleinen Wohnung. Ihr Mann, unser Großvater, war längst gestorben. Mutters Lieblingsbruder, der Jüngste, war unser Onkel Robert, der bei unserer Rettung später noch eine wichtige Rolle spielen sollte. Robert, der ein Motorrad besaß, war mit unserem Vater befreundet. Ich glaube, sein Beruf war auch Kraftfahrzeugführer. Zusammen fuhren sie auf Roberts Motorrad nach Hamburg zu Tante Hella, der Schwester meines Vaters, an der er sehr hing. Auch wir Zwillinge fuhren mit unserem Papa manchmal nach Hamburg, an die Eisenbahnfahrten erinnern wir uns gut. So lernten wir unsere vier Cousins kennen, die ja dann ebenfalls in die USA auswanderten. Später, als wir schon in Israel lebten, nahmen wir die Verbindung mit ihnen wieder auf und hielten sie lebenslang.

Tante Hella schenkte uns einen Spielzeugelefanten auf Rädern, sie wollte uns am nächsten Tag damit überraschen und versteckte ihn unter unserem Bett. Aber in der Nacht musste eine von uns aufs Töpfchen und fing beim Anblick des Elefanten laut zu weinen an. Da kam mein Vater ins Zimmer, machte das Licht an und beruhigte uns. Das waren glückliche Momente, es schien, dass unser Vater uns vor allem beschützen könnte.

Meine Mutter hatte vor ihrer Krankheit ein fröhliches, optimistisches Wesen. Für ihre Hilfsbereitschaft war sie in ihrer großen Familie und in der Nachbarschaft bekannt. Sie sang so gern. Volkslieder, Chansons, auch Arien aus Opern und Couplets. Ihr Lieblingslied war *La Paloma*. Mit ihrer schönen Stimme sang sie uns abends am Bett Brahms' Lied *Guten Abend, gut' Nacht* vor oder *Schlafe mein Kind, schlaf ein*. Ebenso kochte sie gut und vor allem buk sie wunderbaren Streuselkuchen, auch Käsekuchen und Obsttorten. Wir Zwillinge waren ja noch klein, aber unsere Brüder Benno und Theo mussten im Haushalt helfen, was sie auch mehr oder weniger gern taten.

Einmal sollte unser vier Jahre älterer Bruder Benno mit uns spazieren gehen, zum Märchenbrunnen oder zum Teutoburger Platz. Wir kamen an einem Fußballplatz vorbei und unseren großen Bruder interessierte in diesem Moment nur das Spiel, er vergaß seine Schwestern. Gebannt stand er am Zaun und guckte zu. Ruth und ich, wir langweilten uns. Schließlich liefen wir alleine los, die Gegend zu erkunden. Als Benno das bemerkte, erschrak er und lief suchend umher. »Ruthchen, Ginchen!«, rief er laut, bis wir erleichtert in seine Arme rannten. Damals endeten alle Katastrophen noch gut. Benno war übrigens Zeit seines Lebens fußballbegeistert, noch mit seinen Enkeln, die ihn abgöttisch liebten, spielte er Fußball.

Eine andere Erinnerung betrifft einen Ausflug in einen Vergnügungspark, in dem es ein Riesenrad gab. Unsere Mutter saß in der Mitte, wir Zwillinge schmiegten uns an sie, als das Rad plötzlich unerwartet hoch stieg und eine Geschwindigkeit erreichte, mit der wir nicht gerechnet hatten. Beide mussten wir uns übergeben. Aber unserer erschrockenen Mutter war es möglich, das Rad anhalten zu lassen, und als wir wieder festen Boden unter den Füßen hatten, ging es uns schnell wieder gut. Wir liefen an Buden vorbei und erblickten einen Stand, an dem man mit Geschicklichkeit etwas gewinnen konnte. Benno warf mit Erfolg Bälle in ein Netz und durfte sich zu unserer Freude etwas aussuchen. Er zeigte auf einen Fußball. Aber wir hofften auf eine schöne große Stoffpuppe und begannen zu weinen. Da bat Mutti unseren Bruder, auf den Fußball zu verzichten, er nahm die Puppe und wir umarmten ihn voller Dankbarkeit. Aber zu Hause wollten wir die Puppe vor dem Schlafengehen baden, die Farben lösten sich auf und das ganze süße Puppengesicht verschwand. Natürlich heulten wir vor Enttäuschung. Benno meinte, er hätte lieber den Fußball nehmen sollen. Da gaben ihm die Eltern Recht. Wenn ich zurückdenke, bekommen diese harmlosen Erlebnisse eine Symbolik; von einem Moment zum anderen kann alles anders werden, aus Freude kann Schrecken werden und das Schöne kann verschwinden wie eine Täuschung.

## JÜDISCHE MÄDCHENSCHULE

Unsere Brüder lernten in der Jüdischen Volksschule in der Rykestraße. Ruth und ich gingen in den Jüdischen Kindergarten Gipsstraße, der war gleich gegenüber unserem Zuhause. 1936 wurden wir beide in der Jüdischen Mädchenvolksschule in der Auguststraße 13 angemeldet, auch nur drei Minuten Fußweg. Ich erinnere mich an die beiden großen Schultüten und daran, dass der erste Schultag ein Fest für unsere Familie war. Es gibt ein Foto von uns beiden, das auf dem Koppenplatz aufgenommen wurde. Die Schule war ein damals ganz modernes Gebäude, erst wenige Jahre alt, aus Backstein im Stil der Neuen Sachlichkeit gebaut, hell und luftig. Die Berliner Jüdische Gemeinde hatte es von ihrem Architekten Alexander Beer – er starb 1944 in Theresienstadt – auf einem Areal errichten lassen, das ihr schon seit vielen Jahrzehnten gehörte. Neben der Schule lag das jüdische Kinderheim *Ahawah* in einem Gebäude, das einmal das jüdische Krankenhaus gewesen war und hinter der Schule das Grundstück mit der Neuen Synagoge Oranienburger Straße und den Büros der Gemeinde. Es gab einen gemeinsamen Hof, man hätte, ohne auf die öffentliche Straße zu treten, von einem Gebäude ins andere kommen können. So waren wir in der Schule von jüdischen Einrichtungen umgeben und das trug sicher dazu bei, dass wir uns dort gut behütet fühlten.

Das Beste an unserer Schule waren die Lehrer. Ohnehin wurde ja von alters her in den jüdischen Gemeinden immer Wert auf gute Lehrer gelegt, nach 1933 kamen noch jene dazu, die an den staatlichen Schulen und Hochschulen nicht mehr tätig sein durften. Es ging nicht nur um einen guten Fachunterricht, sondern die Lehrer taten alles, um uns Kindern in dieser schwierigen Zeit beizustehen. Mit psychologischem Feingefühl begleiteten sie uns, waren dabei besonders bemüht, auch die hebräischen Fächer interessant zu gestalten, damit wir eine positive Einstellung zum Judentum entwickeln und gerade wegen der ständigen Demütigungen stolz darauf sein konnten, zum Judentum zu gehören. Dazu muss ich sagen, dass es mir bis heute schwer fällt, von Außenstehenden das Wort *JUDE* zu hören. Ich selbst rede lieber von jüdischen Menschen. Wenn ich das Wort *JUDE* in Deutschland von Nichtjuden höre, spüre ich immer eine kleine Irritation, diese Empfindlichkeit ist mir aus der Kindheit geblieben. Natürlich sind wir Juden, das Wort ist nicht falsch. Aber zuerst sind wir Menschen, man sollte das Gemeinsame betonen. Wir sind damit aufgewachsen, dass dieses Wort abfällig, feindselig gemeint war. Jude hieß immer: dreckiger Jude, Judenbalg. Nicht nur primitive Menschen, auch gebildete Leute haben so gedacht: Juden sind feige, Juden stinken, Juden sind Geldfresser. Ich zucke immer noch zusammen, wenn ich das Wort höre. Jude sein hieß, ausgeschlossen zu sein, minderwertig.

In der Schule versuchte man uns beizubringen, dass ›Jüdischkeit‹ etwas Positives ist. Ruth und ich lernten sehr gern in dieser wunderbaren Schule. Vier gute Jahre haben wir dort verlebt. Man kann wirklich sagen, wir haben dort Schätze bekommen, die uns noch heute reich machen. Die Grundlage war ja schon im Elternhaus gelegt worden, aber in der Schule wurden wir noch mehr mit Musik und Literatur vertraut gemacht. Wir lernten, die Natur zu lieben, und vor allem wurden wir zu Menschlichkeit erzogen, zu Werten, die auch denen meiner Eltern entsprachen und an die wir uns immer gehalten haben.

Begeistert war ich von der schönen großen Turnhalle, gleich links vom Eingang. Sie war für die damalige Zeit sehr gut mit Sportgeräten ausgestattet. Es war sehr hell dort, die Fenster reichten bis zum Fußboden. Heute ist das ein edles Restaurant, der *Pauly-Saal,* benannt nach dem Glaskünstler, der die großen Muranoleuchter geschaffen hat. Man hätte diese ehemalige Turnhalle auch nach unserer Schuldirektorin Johanna Kaphan benennen können. Die war damals, als wir sie kennenlernten, Mitte 40. Eine große, elegante Frau. Später erfuhr ich, dass sie selbst als Waise im Auerbach'schen Waisenhaus an der Schönhauser Allee aufgewachsen ist, vielleicht fühlten wir uns deshalb von dieser Frau so gut verstanden. Johanna Kaphan ging 1939 nach Schweden, sie nahm einige der älteren Schülerinnen mit und lebte mit ihnen in Stockholm in einer Wohngemeinschaft, bis die Mädchen erwachsen waren. Nach dem Krieg muss sie noch einmal kurz in Berlin gewesen sein, aber da war kein Platz mehr für eine jüdische Schuldirektorin. Unser Schulhaus war zwar wieder ein Schulgebäude, aber kein jüdisches und an die jüdische Vergangenheit erinnerte viele Jahrzehnte lang nichts mehr. Frau Kaphan ging dann nach Haifa, wo sie wieder als Pädagogin arbeitete, bis sie 1970 starb.

Man hätte das Restaurant *Pauly-Saal* auch nach unserer Turnlehrerin Feo Löwenfeld benennen können, die mir in guter Erinnerung ist, weil sie es verstand, uns Großstadtkindern, die wir ja fast alle aus engen Wohnungen kamen, Freude am Turnen und an Bewegung beizubringen. Heute denke ich, gerade in dieser bedrückenden Zeit war es wichtig, den Körper nicht zu vernachlässigen, frei zu atmen, mit geradem Rücken zu gehen, nicht mit hängenden Schultern und gesenktem Kopf. Das hat sie uns beigebracht. Später emigrierte sie nach Großbritannien.

Unsere Klassenlehrerin hieß Frau Dr. Martha Berger, für Ruth und mich wurde sie bald ein großes Vorbild und wir liebten sie mit schwärmerischer Verehrung. Vor ihr lernten wir Lesen und Schreiben, anfangs noch mit gotischer Schrift, in der dritten Klasse wurden dann lateinische Buchstaben eingeführt. Von Frau Dr. Berger lernten wir all diese wunderbaren Gedichte und Balladen, die ich noch heute auswendig kann: *Die Bürgschaft* von Schiller, *Der Handschuh* und *Die Glocke*, Fontanes *John Maynard*, von Heine *Belsazar* und – natürlich – die *Loreley*. Für mich waren diese und noch viele andere Gedichte und Lieder wie Balsam, sie trösteten mich, in ihnen gab es so viel Menschlichkeit und für mich hatten sie alle mit unserer immer bedrückender werdenden Lage zu tun. Der Stolz, mit dem der Ritter dem Fräulein den Handschuh ins Gesicht wirft, »Den Dank, Dame, begehr ich nicht ...«, nachdem er in solcher Gefahr durch die blutrünstigen Raubtiere gewesen war. Dieser

Stolz war für mich etwas Erstrebenswertes, denn den boshaften Egoismus der Dame, diese Gleichgültigkeit gegenüber dem Leben anderer, diese Brutalität hinter einem lächelnden Gesicht, das kannte ich, auch wenn ich es damals nicht hätte formulieren können. Aber in den Gedichten war benannt, was uns bewegte und was wir fühlten. In den Stunden mit unserer Lehrerin erfuhren wir, dass es menschliche Gefühle gibt, die stärker und unvergänglicher als das Böse ringsherum sind, wir wurden angehalten, an das Gute zu glauben, selbstbewusst zu bleiben oder zu werden.

Frau Dr. Berger, unsere Klassenlehrerin, ist in Auschwitz umgekommen.

Auch unser Musiklehrer wurde dort ermordet, ihn muss ich unbedingt erwähnen. Er hieß Alfred Löwy. Wir nannten ihn unter uns »Stifte«, weil er ziemlich klein war. Stifte ist der Stöpsel, mit dem man Flaschen verschließt. Aber sein Herz war groß. Nicht nur meine Schwester und ich, wohl alle seiner ehemaligen Schülerinnen und Schüler schwärmen von ihm. Er war ein Mozartliebhaber, in seinem Unterricht hörten wir viele Stücke dieses genialen Komponisten, die ich noch heute über alles liebe. Während sich an den deutschen Schulen die kulturelle Erziehung immer mehr auf deutsche Kultur und Geschichte einengte, wurden wir hier weltoffen erzogen und lernten, dass Musik etwas ist, das Menschen verbindet, dass Menschen unabhängig ihrer Herkunft in Liedern überall gleiche Sehnsüchte und Wünsche ausdrücken. Wir sangen auch viel in seinem Unterricht: Volkslieder in hebräischer, deutscher und englischer Sprache sowie Lieder von Schubert, Schumann, Brahms, Beethoven. Stifte spürte in jedem Kind ein Talent heraus, förderte die begabten Schülerinnen, ließ sie Musikinstrumente erlernen. Einigen rettete er dadurch das Leben, weil sie später in Auschwitz in das Mädchenorchester aufgenommen wurden. Beispielsweise meine Freundin Sylvia Wagenberg war dort und ihre Schwester Carla, auch Hilde Grünbaum, mit der wir später im Kibbuz lebten oder seine eigene Nichte Esther Löwy, die, weil sie so klein war, »Krümel« genannt wurde. Heute heißt sie Esther Bejarano.

Für mich war das Singen etwas Wunderbares, es half mir, mit allem fertigzuwerden. Stifte leitete an der Schule einen Chor, in dem ich Solosängerin werden durfte. Ich wurde auch seit meinem achten Lebensjahr in den Kinderchor der Neuen Synagoge in der Oranienburger Straße aufgenommen. Es gab dort auch einen Frauen- und einen Männerchor. Die Wertschätzung des Chores in der Synagoge ging zurück auf Louis Lewandowski, der seit 1864 hier gewirkt hatte. Die Liturgie mit Orgelbegleitung für den jüdischen Gottesdienst hat er entwickelt. Bei seinen Kompositionen war der Gesang sehr wichtig, oft hat er die Form deutscher Kunstlieder aufgenommen. Lewandowski hat auch den Sologesang in der Synagoge eingeführt. Das alles lernten wir im Musikunterricht und sind heute noch froh, dass wir in dieser wunderbaren Synagoge im Chor singen durften.

Die Lieder, die ich an der Jüdischen Mädchenschule lernte, sind mir noch heute vertraut: *Die Gedanken sind frei, Der frohe Wandersmann, Am Brunnen vor dem Tore, Der Mond ist aufgegangen, Guten Abend, gut' Nacht, Es waren zwei Königskinder, Brüder reicht die Hand zum Bunde, An der Saale hellem Strande, Sah ein Knab ein Röslein stehn.* Und die hebräischen Lieder weckten die Sehnsucht nach Eretz Israel. Später haben wir sie dort auch gesungen: *U ma towu, Eliahu Ha Nawie, Hewejnu Schalom alejchem, Maoz Tzur, Ner li Ner li, Ha Nerot halalu, Chag Purim Chag Purim Chag gadol, Swiwon sof sof.* Ein Lied hieß: »Tel Aviv, ach Tel Aviv, deine Schönheit zu uns rief.« Damals hätte ich nicht zu träumen gewagt, einmal selbst in Tel Aviv zu leben. In einem anderen Lied, das wir oft sangen, hieß es: »Da wo die Zeder schlank die Wolke küsst, dort wo die helle Jordansquelle fließt, dort wo die Asche unsrer Väter ruht, das Land, getränkt von Maccabäerblut, dieses schöne Land am blauen Meeresstrand ist unser geliebtes Heimatland.« Noch immer kommen mir die Tränen, wenn mir dieses Lied einfällt. Heute lebe ich hier, in meinem Heimatland. Aber wir sangen auch lustige Lieder über das ferne Eretz Israel unserer Phantasie. Ich erinnere mich an eines: »In der Bucht von Haifa schwimmt ein Krokodil, wackelt mit dem Schwanz und weiß nicht, was es will. Dio Dio Dio, Schoschannah Hushiah.«

Viele meiner Mitschülerinnen kamen aus ostjüdischen Haushalten und kannten auch die jiddischen Lieder, die wir in der Schule lernten: *Als der Rebbe Elimelech, Aufm Prepetische brent ayn Feyerle* und andere. Ich verstand Jiddisch, obwohl wir zu Hause Deutsch sprachen. Aber unser Papa hatte viele Freunde, die uns besuchten, mit denen redete er Jiddisch, so war der Klang dieser Sprache mir sehr vertraut.

Wenn ich mir das heute überlege, so scheint mir, wir wurden in der Schule bewusst deutsch-jüdisch erzogen. Man brachte uns neben der hebräischen Sprache für den Religionsunterricht auch die moderne hebräische Sprache bei, die uns bei einer Auswanderung nützlich sein könnte. Wir kannten die Bedeutung Israels für das jüdische Volk, aber wir wurden auch mit deutscher Kultur vertraut gemacht, wir lehnten sie nicht ab, im Gegenteil. Als uns die deutschen Behörden schon gar nicht mehr als Deutsche ansahen, haben wir in der Schule über die schöne Mark Brandenburg gesprochen, in einem großen Sandkasten den Verlauf von Havel und Spree nachmodelliert. Immer wieder hat uns Frau Dr. Berger auf die Schönheit der Sprache in den Gedichten von Goethe, Schiller, Heine hingewiesen.

Der Religionsunterricht fand in deutscher Sprache statt, wir lernten, soweit wir sie noch nicht kannten, die Bedeutung der jüdischen Feste und der dazugehörigen Gebete kennen. Durch den Hebräischunterricht verstanden wir im Großen und Ganzen ihren Inhalt, konnten sie auch in der Synagoge lesen und sprechen. Wobei die Gebetbücher in der Neuen Synagoge auch die deutsche Übersetzung enthielten. Aber der Chasan und der Rabbiner führten den Gottesdienst nur auf Hebräisch. Für uns war das die heilige Sprache. Das alles erfüllte uns mit dem Gefühl der Zugehörigkeit und mit Freude.

Bis 1938 kamen oft Schülerinnen, die bisher nur staatliche Schulen kennengelernt hatten, die waren erstaunt, dass es bei uns so anders war. Niemand wurde geschlagen, nicht einmal einen Klaps gab es, wir wurden nicht mit Strafen, sondern mit Liebe erzogen.

So lebten wir in dieser reichen Welt der Jüdischen Mädchenschule und in unserem Zuhause, ein paar hundert Schritte entfernt auf der anderen Straßenseite, man musste nur die Kreuzung zur Großen Hamburger Straße am Koppenplatz überqueren. Als Ruth und ich zur Schule kamen, war die Familie noch vollständig. Und obwohl unser Schulweg so kurz war, obwohl man damals noch nicht den Stern tragen musste, ist es vorgekommen, dass uns fremde Kinder, wenn wir aus der Jüdischen Mädchenschule traten, auf dem Schulweg ärgerten oder schlugen. Die waren so verhetzt gegen uns, das habe ich von klein auf erlebt. Und es wurde im Verlauf der Jahre immer schlimmer, den Leuten wurde ja beigebracht, dass Juden ein Aussatz sind. Natürlich haben wir unseren

Eltern von solchen Erlebnissen erzählt, aber die konnten uns ja auch nicht helfen. Sie haben uns nur in den Arm genommen. Erklären mussten sie gar nichts, wir wussten ja, dass diese Judenfeindlichkeit außerhalb unserer eigenen Welt gang und gäbe war. Obwohl wir andererseits sehr viele nichtjüdische Nachbarn hatten, mit denen es ganz normalen Kontakt gab – von der Bäckersfrau bekamen wir immer Tüten mit Brotresten, um die Enten in der Spree zu füttern. Und unsere Verwandten aus der Familie meiner Mutter verhielten sich auch normal zu uns, vor allem Onkel Robert liebte uns. Und doch spürten wir früh, dass wir zu einer Minderheit gehörten, die von der Mehrheit abgelehnt wurde.

Ein Lied, das wir in der Schule sangen und das ich bis heute auswendig kann, geht so: »Jeder Mensch auf der Welt hat ein Heimatland. Wo er auch geht und wo er auch steht, da ist er zu Haus. Nur ein Mensch auf der Welt hat kein Heimatland. Wo er auch geht und wo er auch steht, wirft man ihn hinaus. Ein Jude bist Du? Raus!«

## EIN JUDE BIST DU? RAUS!

Schon 1935 war meiner Mutter mit ihren vier Kindern die deutsche Staatsbürgerschaft entzogen worden, wir waren nun staatenlos. Als mein Vater von seinem Bruder Aaron aus New York angefordert wurde und er Anfang 1938 in die USA ausreisen konnte, war es ein Vorteil, dass unsere Eltern nicht verheiratet waren. Mit einer Frau und vier Kindern hätten sie ihm sicher kein Einreisevisum gegeben. So gab er sich als Junggeselle aus, aber natürlich wird er gehofft haben, uns irgendwie nachholen zu können. In Deutschland hatte er ja gar keine Existenzmöglichkeit mehr, mit einem Bein stand einer wie er, ein staatenloser polnischer Jude, immer im KZ. Damals gab es schon Dachau und Sachsenhausen bei Berlin. Bereits vor der sogenannten Kristallnacht konnte so ein rechtloser polnischer Jude jederzeit grundlos abgeholt und ins Lager gebracht werden. Die Ausreise war eine große Hoffnung, die auch uns Kindern und unserer Mutter eine Zukunftsperspektive eröffnete, dachten wir. Ich weiß noch, dass meine Mutter nach der Abreise unseres Vaters dauernd auf dem Amerikanischen Konsulat war und wie verzweifelt sie jedes Mal zurückkam. Auch er hat von Amerika aus versucht, uns ein Visum zu verschaffen. Aber er hatte zu dieser Zeit ja nicht einmal selbst die amerikanische Staatsbürgerschaft. Erst 18 Jahre später haben Ruth und ich unseren geliebten Vater wiedergesehen. Andere Menschen haben uns oft verständnislos gefragt: Wie konnte euer Vater die Familie verlassen und nur sich selbst retten?

Die haben nicht begriffen, was das für eine Zeit war, in welcher Gefahr ein Ostjude ohne Arbeitserlaubnis damals war. Schon zu dieser Zeit kamen öfter Mädchen in die Schule und erzählten weinend, in der Nacht sei der Vater abgeholt worden, und dann fiel der Unterricht aus und wir saßen da und trösteten sie und beim nächsten Mal war es ein anderes Mädchen, dessen Vater oder Bruder nach Sachsenhausen gebracht wurde. Man fragte auch kaum noch, wenn ein Mädchen einfach gar nicht mehr zur Schule kam, dann dachte man, sie wird ausgereist sein. Jeder von uns wollte aus diesem Hitlerdeutschland raus. Deshalb waren wir bei aller Traurigkeit froh, dass es meinem Vater gelang zu entkommen. Natürlich war es schmerzhaft. Ich sehe ihn noch vor mir, er stand vor uns, seinen Püppchen, und weinte bitterlich. Niemals zuvor haben wir unseren Vater weinen sehen. Er umarmte und küsste uns, konnte sich nicht losreißen. Und dann brachte Theo, unser ältester Bruder, ihn zum Bahnhof, von dem aus er nach Hamburg fuhr und von dort mit dem Schiff nach New York. Das war Anfang 1938, wir waren noch keine acht Jahre alt.

Das Unglück war, dass die Tuberkulose unserer Mutter zu dieser Zeit ausbrach, mit der sie sich bei der Pflege ihres ersten Mannes angesteckt hatte.

Eines Abends, unser Vater war schon nicht mehr da, hörten wir mit unserer Mutter ein sehr trauriges Kinderhörspiel nach Hans Christian Andersen im Radio *Das Mädchen mit den Schwefelhölzern*. Wir waren voller Mitleid mit dem Schicksal des Waisenmädchens und sprachen darüber. Da gab uns meine Mutter zu verstehen, dass auch sie sterben könnte, da sie damals schon sehr krank war. Wir fielen ihr um den Hals, drückten sie und beschworen sie, uns niemals zu verlassen. Aber sie wusste, dass sie uns das nicht versprechen konnte. Damit begann der Abschied.

Im Oktober 1938 wurden die polnischen Juden äußerst brutal ausgewiesen, mit Kleinkindern, alten Leuten, Kranken. Das war schon ein Vorgeschmack der späteren Deportationen. Weil sich die polnischen Behörden weigerten, sie aufzunehmen, mussten viele tagelang ohne Verpflegung im Niemandsland umherirren. Gott sei Dank war unser Vater in Sicherheit. Wir haben Briefe von ihm bekommen, eine Zeit lang konnten wir uns noch schreiben. Aber in unserer Umgebung betraf die sogenannte Polenaktion viele Familien. Damals kannte ich natürlich nicht die Hintergründe, heute weiß ich, dass 17.000 polnische Juden aus dem Deutschen Reich ausgewiesen wurden, weil das polnische Parlament Ende März den im Ausland lebenden Polen die Staatsbürgerschaft entzogen hatte. Und ab 30. Oktober sollte man zur Einreise nach Polen eine Erlaubnis des polnischen Konsulats vorweisen. Da wollten die Nazis Ende Oktober noch schnell die polnischen Juden loswerden, von denen viele ja schon seit Jahrzehnten in Deutschland lebten. Wobei als Polen auch Menschen galten, die sich seit Generationen als deutsch empfunden hatten, die Deutsch sprachen und oft kein Wort Polnisch. Aber wenn ihre Herkunftsorte nach dem Versailler Vertrag an den neuentstandenen polnischen Staat gefallen waren, wurden sie unfreiwillig zu Polen erklärt.

Meine Mutter hatte eine christliche Freundin, die wohnte nebenan. Als die Verhältnisse sich zuspitzten, zog auch diese Nachbarin sich zurück. Doch eines Tages, es muss der 9. November 1938 gewesen sein, klopfte sie an unsere Tür und was sie sagte, klingt mir noch heute in den Ohren: »Die stecken überall in Berlin die Synagogen in Brand. Und die Schaufenster der jüdischen Geschäfte werden eingeschlagen, es wird geplündert.« Mit »die« waren die Nazis gemeint, das war klar. Meine Mutter war zu krank, sie ging kaum noch auf die Straße, aber meine Brüder sagten sofort: »Wenn sie die Synagogen abbrennen, muss man die Thorarollen retten.« Die Thora ist das wichtigste Buch im Judentum. Sie besteht aus den fünf Büchern Mose, die auf der Thorarolle in hebräischer Schrift mit der Hand aufgezeichnet sind. Die Thorarolle ist der wichtigste Teil einer Synagoge. Bei uns um die Ecke gab es eine orthodoxe Synagoge des Synagogenvereins *Ahawas Scholaum*, wir sind da eigentlich nicht hingegangen, weil wir liberaler waren. Wir gingen in die Neue Synagoge, da saßen Männer und Frauen zwar auch getrennt, aber es gab die wunderschöne Orgel und wir Schwestern sangen dort im Chor.

Meine Brüder liefen also los und ich hinterher, ich machte immer alles nach, was sie taten. In dem Tohuwabohu merkte ich gar nicht, dass meine Schwester nicht bei uns war. Ich weiß nicht, ob meine Brüder eigentlich in die Oranienburger Straße wollten, aber gleich nebenan in der schmalen Gasse, die Kleine Auguststraße heißt, brannte die Synagoge von *Ahawas Scholaum,* da überlegte man nicht lange, viele jüdische Leute löschten schon mit Kleidern und Jacken. Andere waren dabei, Bücher aus dieser brennenden Synagoge zu schleppen, viele waren angesengt, Gebetsbücher wie sie immer unter den Pulten lagen, Siddur und Machsor, Gebete für den Alltag und für die Festtage und für den Sabbat. Meine Brüder beteiligten sich an dieser Rettungsaktion und plötzlich waren da stapelweise diese angebrannten Bücher. Wohin damit? Auf der Straße war ja auch der Mob, der die Synagoge in Brand gesetzt hatte. Da schleppten sie die Bücher in unsere Wohnung, am Ende des Korridors war ja noch hinter einem Vorhang die Kammer, die unser Vater als Dunkelkammer abgetrennt hatte, dort stapelten wir die geretteten Bücher. Sifre HaKodesh, heilige Bücher. Ich half ihnen, wir liefen immer hin und her, von der Kleinen Auguststraße in unsere Wohnung und zurück und wieder in unsere Wohnung. Und weil meine Neugier größer war als meine Angst, lief ich plötzlich allein zur Rosenthaler Straße, bis zum Hackeschen Markt, schaute mir die jüdischen Geschäfte mit den zerschlagenen Scheiben an. Davor auf der Straße lagen Kleider, zerschlagenes Geschirr, Menschen liefen in die Geschäfte, warfen etwas hinaus, andere fingen das auf, rafften ihre Beute zusammen. Es war ein grauenhafter Anblick, die Leute waren außer Rand und Band in ihrer Gier. Manche schauten auch nur zu. Ich stand fassungslos, eingekeilt zwischen den Leuten, als mein Bruder Theo mich plötzlich am Schlawittchen packte und dicht an meinen Ohren sagte: »Bist Du verrückt geworden? Die können Dich totschlagen.« Ich hatte gar nicht daran gedacht, dass ich in Gefahr sein könnte und war nun sehr erschrocken, auch über den Ärger meines Bruders. »Wo ist Ruthchen?«, fragte er. Das wusste ich auch nicht und nun hatten wir Angst um meine verschwundene Schwester. Sie kam aber nachher unversehrt zurück, sie war auch alleine losgelaufen, hatte sich bis zum Alexanderplatz durchgeschlagen, wo es ebenso wüst zuging.

Was aus den heiligen Büchern wurde, weiß ich gar nicht mehr. Sie wurden dann wohl abgeholt und in irgendeine jüdische Einrichtung gebracht. Oder vergraben, wie es sich für heilige Bücher gehört, die nicht mehr zu benutzen sind. Aber Theo und Benno haben geholfen, sie zu retten. Die Synagoge von *Ahawas Scholaum* war dann ausgebrannt, nach dem Krieg wurde die Ruine abgerissen.

Am 21. Dezember 1938 sollte Theo 14 Jahre alt werden. Vorher erhielten wir allerdings einen Brief von der Gestapo, Theo müsse innerhalb von 24 Stunden Deutschland verlassen. Im Oktober und November 1938 waren viele jüdische Männer in Berlin verhaftet und ins KZ Sachsenhausen gebracht worden, 12.000 weiß ich heute. Darunter waren auch einige aus unserer Bekanntschaft, auch ein Freund meines Vaters namens Graham mit Frau und kleinem Kind. Wir hatten Angst, sie würden Theo ebenfalls dorthin bringen. Aber wo sollte er hin und wie? Wir hatten kein Geld, auch kein Zertifikat irgendwohin, unsere Mutter lag schon krank im Bett, Theo fragte sie immer: »Mama, was soll ich tun? Was soll ich tun?« Aber sie wusste es ja auch nicht. Doch dann sagte sie ihm, er solle zur Jüdischen Gemeinde gehen, die ihre Büros in der Oranienburger Straße hatte. Das tat er und die haben ihm tatsächlich geholfen.

Er bekam im letzten Moment einen Platz für den ersten ›Kindertransport‹ nach Großbritannien, der am 2. Dezember mit 196 Kindern in Harwich ankam. Britische Hilfsorganisationen hatten nach dem 9. November mit Chamberlains Billigung bewirkt, dass eine unbegrenzte Zahl von minderjährigen Flüchtlingen einreisen konnte. Bedingung war, dass sie keine öffentlichen Gelder kosten würden. Bis zum Kriegsbeginn kamen mit den ›Kindertransporten‹ 10.000 deutsche, österreichische, böhmisch-mährische und Danziger Kinder über den Kanal. Die jüdischen Gemeinden und die Quäker kümmerten sich um sie, viele kamen in Pflegefamilien, nicht nur in jüdische. Nicht allen ging es gut, aber sie haben ihr Leben gerettet. Theo hatte Glück, dass er als Härtefall mit dem ersten Transport herauskam. Einen kleinen Koffer und zehn Mark durfte er in sein neues Leben mitnehmen, doch ich weiß nicht einmal, ob er diese zehn Mark überhaupt besaß. Zum Bahnhof musste er allein gehen, denn um Tränen bei der Abfahrt zu vermeiden, sollten die Angehörigen das Kind nicht begleiten. In Großbritannien war sein Schicksal auch nicht leicht, er lebte in einem Kibbuz und arbeitete später in der Landwirtschaft, hoffte, nach Eretz Israel zu kommen. Alsdann ging er mit einem Freund nach London. Doch nach Kriegsbeginn galt er wie alle deutschen

Emigranten zunächst als feindlicher Ausländer. Theo wurde Soldat, kämpfte vier Jahre lang in der britischen Armee gegen Hitler. Wir haben uns erst nach dem Krieg wiedergesehen, waren aber innerlich immer eng verbunden. Bei unseren im Leben nicht so häufigen Begegnungen sprachen wir gewöhnlich nicht über die ›Kristallnacht‹. Aber einmal, kurz vor seinem Tod, er ist 84 Jahre alt geworden, fragte ich ihn nach unserer Kindheit aus, nach unserer Mutter, die er ja länger erlebt hat, weil er sechs Jahre älter ist. Ich wollte alles über sie wissen, da fragte er mich plötzlich: »Sag mal, erinnerst Du Dich, wie ich Dich in der Kristallnacht da rausgeholt habe unter den Hunderten von Menschen?« Natürlich erinnerte ich mich, denn auch er hatte das nie vergessen.

Über das zwei Jahre währende Krankenlager unserer Mutter möchte ich hier keine Einzelheiten erzählen. Aber die Bilder sind in mir, vergessen kann man das nicht. Ruth und ich waren sieben Jahre alt, als ihre Krankheit ausbrach. Von den Lungen griff die Schwindsucht auf den Kehlkopf über. Ich weiß nicht, ob wir kein Geld hatten für Ärzte oder ob es schon so aussichtslos war, sie ging in kein Krankenhaus, in kein Sanatorium, sie bekam keine Infusionen, nichts, sie lag nur da in ihrem Leiden. Unser Bruder Benno kümmerte sich voller Hingabe um sie – und um uns. Doch dass das kein geordneter Haushalt mehr war, kann man sich vorstellen. Auch die Mutter unserer Mutter und ihre Schwestern halfen bei der Pflege. Arm waren wir natürlich auch, nach und nach musste fast alles verkauft werden. Als wir neun waren, starb unsere Mutter Martha Sara Rajfeld, geborene Anders. Sie war 34 Jahre alt, als sie am 7. Januar 1940 vor unseren Augen erstickte, wir standen alle drei um ihr Bett herum.

Theo, der doch froh sein musste, sein Leben gerettet zu haben und der doch damals auch noch ein Kind war, sagte mir noch als alter Mann, er habe immer Schuldgefühle gehabt, seine kranke Mutter verlassen zu haben. Nach dem Krieg, als es wieder möglich war, haben wir vier Geschwister am Geburts- oder Todestag unserer Mutter immer miteinander telefoniert, es war uns ein Bedürfnis.

Begraben wurde sie an einem bitterkalten Tag. Es war Winter, die Erde gefroren. Viele Jahre später las ich Pasternaks *Doktor Schiwago*, da beschreibt er gleich am Anfang eine Beerdigung. Ich konnte nicht weiterlesen, denn genauso war es, als unsere Mutter in die Erde gelegt wurde. Ruthchen und ich tragen diese Bilder und Empfindungen bis heute mit uns herum. Nach der Beerdigung wurden wir von unserem Onkel Robert mitgenommen. Etwa vier Wochen blieben wir bei ihm und seiner Frau. Das war, glaube ich, in der Linienstraße. Kinder hatten sie nicht, aber sie konnten und wollten uns nicht behalten. Vielleicht durften sie auch nicht, es war ja ein ›arischer‹ Haushalt und wir waren jüdisch.

Unser Bruder Benno, der schon damals von einer ›Alijah‹ ins Gelobte Land träumte und wie auch Theo zum Jugendverband *Hashomer Hazair* gehörte, ging zur ›Hachscharah‹, das ist die Vorbereitung auf ein Kibbuzleben. Wie er dort hinkam, weiß ich nicht, wahrscheinlich auch durch die Jüdische Gemeinde, denn das Ausbildungsgut Schniebinchen in der Niederlausitz, heute liegt der Ort in Polen, wurde von der Jüdischen Gemeinde, inzwischen der zwangsgegründeten Reichsvereinigung der Juden in Deutschland, betrieben, um den Jugendlichen, die keinen Beruf mehr lernen durften, wenigstens eine Art Ausbildung zukommen zu lassen. Benno arbeitete mit anderen Jugendlichen in der Landwirtschaft, dort gab es Madrichim [Gruppenführer], die sie zu 100-prozentigen Zionisten erzogen.

Hier möchte ich einen Bericht zitieren, den ein anderer Junge, Jürgen Löwenstein, der bei uns um die Ecke in der Gipsstraße wohnte und ein paar Monate vor Benno nach Schniebinchen kam, 1985 gegeben hat: »Die Hauptsache ist, erst mal raus aus Berlin, das Scheunenviertel verlassen, etwas Neues beginnen; anfangen zu arbeiten und dabei noch lernen. Vielleicht hat man Glück und kann noch aus Deutschland weg. Das jüdische Jugendlager liegt auf einer Anhöhe unweit des Dorfes. (...) Zweistöckige Betten, nicht viel Raum, seine Persönlichkeit zu entfalten und alles neu und unbekannt (...). Ob es ein Zuhause gibt, interessiert hier scheinbar keinen. Zeig erst mal, was du kannst und was du hast. Das ist nun wirklich nicht viel. Aber die Arbeit macht Spaß und es gibt viel zu lernen. Sachen und Begriffe, von denen man nie etwas gehört hat. Vom Zionismus, Arbeiterbewegung, Kibbuz und Gleichberechtigung, Palästinakunde; aber auch vom Chassidismus und deutscher Literatur hören und lernen wir.«

Das Gemeinschaftsleben unter Gleichaltrigen muss trotz der schweren Arbeit und der kargen Essensrationen für unseren Bruder wie eine Befreiung gewesen sein nach den elenden Jahren. Er war ja auch gerade erst 14 Jahre alt.

Aber für Ruth und mich war es wieder ein Abschied.

### KINDERHEIM FEHRBELLINER STRASSE

Nach etwa einem Monat brachte unser Onkel uns in ein Kinderheim. Das war von seiner Wohnung und auch von der Auguststraße nicht weit, man ging höchstens zehn Minuten. Meine Schwester hat unsere Ankunft 2003 beschrieben: »Es war schon dunkel, als wir an der Hand unseres Onkels in das Haus des Jüdischen Kinderheimes Fehrbelliner Straße 92 eintraten, die Treppe nach oben gingen und an eine Türe des Büros klopften. Es empfing uns eine Dame, sie sprach mit unserem Onkel, dessen Hand ich festhielt. Alles kam mir so düster und dunkel vor. Dann verabschiedete sich der Onkel und versprach, uns zu besuchen. Er machte es schnell, es war auch sicherlich für ihn eine Qual.«
Etwa eine Woche lang mussten wir beide in einem kleinen Zimmer in Quarantäne bleiben. Erst als man sicher war, dass wir keine Krankheiten mitgebracht hatten, kamen wir in den dritten Stock in ein Zimmer mit acht Betten.

Bevor ich unser Leben in diesem Kinderheim beschreibe, muss ich sagen, dass ich bis heute nur mit großer Dankbarkeit an diese zweieinhalb Jahre denken kann, die wir vom Februar 1940 bis zum Sommer 1942 dort verbrachten.

Und nicht ohne tiefe Trauer. Denn all die Erzieherinnen, die uns von nun an die Familie ersetzten, fast alle unsere Freundinnen und Kameraden, mit denen wir dort wie Geschwister aufwuchsen, sind umgekommen. Viele Jahre lang habe ich nur meine Schwester Ruth und unsere liebe Freundin Sylvia Wagenberg, die wir in Israel wiedertrafen, als Überlebende des Kinderheims Fehrbelliner Straße gekannt. Alle anderen waren tot, niemand erinnerte sich ihrer, nicht einmal an das Heim selbst erinnerte man sich. So schien es uns und so war es auch Jahrzehnte lang.

Es gab Fotos, die ein bekannter Fotograf, Abraham Pisarek, im Heim Fehrbelliner Straße aufgenommen hat. Er war der Vater unserer Schulfreundin Ruth Pisarek, die seit 1940 mit uns an der Jüdischen Mädchenschule lernte. Ihre Mutter war Christin, so war dies nach den damaligen Begriffen eine ›Mischehe‹ und das schützte den Vater und die beiden Kinder etwas. Trotzdem mussten sie seit 1941, wie wir dann auch, den Gelben Stern tragen. Die Familie Pisarek wohnte in der Oranienburger Straße dicht neben der Synagoge, dort hatte der Vater auch seine Dunkelkammer. Sicher lebte auch diese Familie in großer Bedrängnis, doch für uns Zwillinge war es eine familiäre Atmosphäre, die uns mit Sehnsucht an unsere eigene verlorene Familie denken ließ. Auch deshalb waren wir so gern mit Ruth zusammen, mit der wir viel Gemeinsames haben und die bis heute unsere Freundin ist. Abraham Pisarek, der Pressefotograf gewesen war und nach dem Krieg auch wieder wurde, durfte in diesen Jahren keine Fotografien unter seinem jüdischen Namen veröffentlichen, er durfte gar nicht als Fotograf arbeiten, sondern war Zwangsarbeiter in einer Wäscherei. Aber er hat die Jüdische Gemeinde in Berlin bis zu ihrem Untergang fotografiert. Er war in jüdischen Wohnzimmern, hat die jüdischen Feste fotografiert, die Synagogen, Sportfeste, die Kleiderkammern, die Altersheime, Kindergärten, Schulen, von ihm gibt es wunderbare Fotos von Veranstaltungen des Jüdischen Kulturbundes, Porträts so vieler Menschen, die kurze Zeit später nicht mehr lebten. Auch in der Fehrbelliner Straße 92 war er und hat fotografiert. Wie bedeutend diese Leistung war, kann man mit dem historischen Abstand heute erkennen, es gibt kaum Bücher oder Ausstellungen über die Judenverfolgung in Berlin ohne Fotos von Abraham Pisarek. Er war ein Chronist, ein Bewahrer. Die Gesichter so vieler ermordeter Menschen kann man noch immer anschauen, weil Abraham Pisarek sie fotografierte.

Weil wir mit Ruth Pisarek, die nach dem Krieg in Berlin Augenärztin wurde, immer im Kontakt blieben, kannten wir diese Fotos unserer Erzieherinnen und Freundinnen und Freunde aus dem Kinderheim. Wir sahen die kleine Thea Fuss und ihre Schwester Ruth mit ihren schön geflochtenen Zöpfen, für immer zehn Jahre alt, die Schwestern Meta und Erika Haitner, die auch nicht überlebten, ich werde noch über sie erzählen. Unsere Erzieherinnen konnten wir auf den Bildern sehen, wie sie Kindern bei Schularbeiten halfen, ihnen vorlasen, mit ihnen spielten. Den Saal, in dem zur Mittagszeit die Schlafliegen aufgestellt wurden, konnten wir auf den Fotos wiedererkennen, Theateraufführungen und

Chanukkafeiern. Es tat weh, diese Bilder anzuschauen, und viele Jahrzehnte lang haben wir das alles zwar nicht vergessen, aber wollten die dünne Schicht über dieser Vergangenheit auch nicht immer aufreißen. Es gab ja ohnehin kaum noch jemanden, der mit diesen Fotos etwas anfangen konnte. Dachten wir.

Aber dann, in den 1990er Jahren, kam eine pensionierte Lehrerin, Inge Franken, die selbst aus einer Nazifamilie stammte und wohl lebenslang das Bedürfnis hatte, eine Schuld, die gar nicht ihre eigene war, abzutragen. Sie hat jahrelang die Geschichte des Kinderheims Fehrbelliner Straße erforscht, sie hat in Archiven recherchiert, Briefe in die ganze Welt verschickt, eine Webseite eingerichtet. Und sie hat dafür gesorgt, dass einige von Abraham Pisareks Fotos auf Dauer in dem Haus ausgestellt wurden, das unser Kinderheim war. Bis sie zu uns Kontakt aufnahm, hatte sie gar keine Zeitzeugen für die letzten Jahre des Kinderheims, die auch Abraham Pisarek nicht mehr fotografiert hat. Wir haben ihr Namen nennen können, die niemand sonst mehr wusste, wir haben ihr sagen können, wer die Erzieherinnen und Kinder auf den Fotografien waren. Wir haben ihr unsere Geschichte aufgeschrieben und durch sie Einzelheiten über die Schicksale unserer Freundinnen und Erzieherinnen erfahren, die wiederum wir nicht kannten. In Inge Frankens Forschungsarbeit waren auch die Mitarbeiterinnen und Mitarbeiter des Nachbarschaftshauses, das heute im Gebäude unseres Kinderheims untergebracht ist, einbezogen, mit manchen sind wir heute befreundet. Heute ist das Haus nicht nur ein lebendiges Nachbarschaftsheim, sondern auch ein Erinnerungsort, den wir bei jedem Berlinbesuch aufsuchen und in dem wir bewegende Begegnungen mit Menschen hatten, deren Familiengeschichte auch mit dem Heim verbunden ist. Immer noch wühlt es uns sehr auf, über die Vergangenheit zu sprechen, aber wir sind es den Toten schuldig.

Inge Franken hat ihr Buch über das Kinderheim *Gegen das Vergessen* genannt. 2012 starb sie plötzlich, aber sie hat etwas Wichtiges hinterlassen.

Die Erinnerung an die Zeit im Kinderheim wird also immer überschattet bleiben von dem Wissen, was mit den Bewohnern des Hauses geschah. Und doch sind es warme Erinnerungen, die uns noch heute dankbar machen. Wir wurden dort durchaus nicht verwöhnt, man war sogar ziemlich streng, man wusch sich mit kaltem Wasser, es gab feste Regeln, aber das war für uns gut, da wir ja schon gar kein geordnetes Leben mehr kannten, nachdem unsere Mutter das Bett nicht mehr verlassen konnte. Das Wichtigste war jedoch, dass wir uns behütet und geliebt fühlten. Was diese Erzieherinnen vollbracht haben, erfüllt mich noch heute mit Bewunderung. Uns in dieser schweren Zeit, unter der sie ja selbst litten, unbeirrbar eine gute Erziehung zu geben und Sicherheit und sogar Freude und dabei jedem Kind gerecht zu werden, das war wirklich Heldentum. Die Heimleiterin zu unserer Zeit hieß Fräulein Bamberger, sie war 50 Jahre alt und wohnte auch im Heim, ganz oben hatte sie ein Zimmer.

Das dreistöckige Haus mit dem Seitenflügel stand in einer normalen Häuserreihe, genau gegenüber war der Teutoburger Platz, auf dem Ruthchen und ich als kleine Kinder oft mit unseren Brüdern gespielt hatten. Die Gegend war uns also nicht fremd. Aber als wir ins Heim kamen, war der Teutoburger Platz schon »Für Juden verboten«.

Das Haus war damals 80 Jahre alt, aber erst 1910 hatte der Verein *Jüdisches Kinderheim* es gekauft, der Umbauten vornahm und Dachgärten anlegte, die man noch heute betreten kann. Der Verein war schon aufgelöst, als Ruth und ich Heimkinder wurden, das Heim war der Reichsvereinigung der Juden in Deutschland angegliedert worden.

Es gab im Haus einen Kindergarten für Säuglinge und Kleinkinder, der lag im Parterre. In der zweiten Etage war ein Hort, in dem Schulkinder, die noch eine Familie hatten, nachmittags spielten und Schularbeiten machten. Abends gingen sie nach Hause. Als wir dorthin kamen, wohnten in den oberen Etagen etwa 20 Kinder richtig im Heim, wie wir ja dann auch. In früheren Jahren hatte es neben dem Hort und der Krippe wohl nur eine Art Notunterkunft gegeben, aber inzwischen hatte die Jüdische Gemeinde viele Waisen zu versorgen. Es gab so viele verlassene Kinder, deren Eltern oder einziger Elternteil im Lager oder schon ausgereist waren. In Zeiten wie diesen konnten immer weniger Familien ihren Kindern Schutz bieten, viele Familien zerbrachen, wurden auseinandergerissen, verloren ihre Lebensgrundlagen, auch Krankheiten traten stärker auf als in normalen Zeiten. Übrigens wurde das Kinderheim nie Waisenheim genannt. Tagsüber hörte man im Haus Lachen und Toben, aber jedes Kind hatte sein Schicksal zu tragen, manchmal hörte ich nachts in unserem Achtbettzimmer das eine oder andere Mädchen schluchzen. Wir kannten unsere Geschichten, sprachen aber nicht mehr als nötig darüber. Doch trösteten wir uns gegenseitig, auch ich weinte, wenn ich an meine Mama dachte, an meinen Vater oder die Brüder. Aber ich hatte ja wenigstens meine Schwester, der es ebenso ging, und sie hatte mich. Und die Erwachsenen im Heim taten alles, um uns trotzdem eine unbeschwerte Kindheit mit Spielen und sehr schönen Festtagen erleben zu lassen.

Zu Purim verkleideten wir uns, es gab sehr schöne Sederabende.

Unser wichtigster Feiertag ist ja der Sabbat. An jedem Freitagabend wurden die Tische zu einer langen Tafel zusammengestellt, sie wurden gescheuert und mit weißen Tüchern bedeckt, die Leuchter geputzt. Das Essen an diesem Tag war besser als sonst. Was es bedeutete, uns immer noch mit schmackhaften Speisen zu versorgen, kann man heute gar nicht mehr ermessen. Unsere Köchinnen Regina Abraham und Agnes Rosenthal, das weiß ich aus Inge Frankes Recherchen, sind 1943 auch in Auschwitz »verschollen«.

An jedem Freitag zündete ein anders Mädchen die Sabbatkerzen an und segnete das Brot und den Wein, manchmal durfte auch ich das tun und das Kidduschgebet sprechen. Zum Ende der Mahlzeit sangen wir alle das Dankgebet *Schir Hamaalot*. Dann räumten wir gemeinsam den Tisch ab und stellten die Möbel so um, dass wir Gesellschaftsspiele wie *Mensch ärgere Dich nicht* oder *Stadt, Land, Fluss* spielen konnten. Es gab auch eine Puppenecke, jedes Kind konnte sich beschäftigen, wie es wollte. Die Erzieherin, die mit uns spielte, hieß Gerda Lewin, ich hatte sie sehr gern. Meine Lieblingserzieherin aber war Fräulein Guttmann. Am Freitagabend versammelte sie in einer Ecke alle Kinder um sich, denen sie etwas vorlas, ich erinnere mich an *Onkel Toms Hütte* und *Dr. Dolittle und seine Tiere*. Mit Spannung wartete ich auf die Fortsetzung am nächsten Freitag. Ich liebte diese Stunden, die friedliche Stimmung, die beinahe familiäre Geborgenheit, die Stimme unserer Erzieherin.

Zu den Feiertagen trugen wir besonders schöne Kleider. Diese und auch Schuhe bekamen wir aus der Kleiderkammer der Jüdischen Gemeinde in der Choriner Straße. Jüdische Familien, denen es noch besser ging, spendeten die Sachen. Eine Erzieherin ging mit jeweils einer Gruppe dorthin und wir suchten uns etwas aus. Selbst wenn wir Geld gehabt hätten, hätten wir nichts Neues kaufen können, wir bekamen keine Kleiderkarten mehr. Wir hatten eine Näherin im Haus, eine schon ziemlich alte Frau, Balbina Bielschowski, die machte uns die Kleider passend. Wir waren aber angehalten, kleine Reparatur- und Stopfarbeiten selbst auszuführen.

Einmal lebten auf dem Hof junge Katzen, in die waren wir alle vernarrt, besonders meine Schwester. Sie handelte aus, dass sie eine Stunde später ins Bett gehen durfte, um mit den Katzen zu spielen, dafür aber sollte sie zehn Wäschestücke flicken. Das tat sie freiwillig, denn die Momente mit den Kätzchen waren eine Art Glück.

Neben unserem Zimmer für acht Mädchen im gleichen Alter gab es noch ein Schlafzimmer für jüngere Heimkinder und einen Raum für Schularbeiten. Nach und nach kamen immer mehr Kinder. Es gab auch ein »Klappbettzimmer«, in dem die Betten erst abends ausgeklappt wurden. Tagsüber war dort unsere kleine Bibliothek. In diesem Raum habe ich viele Stunden verbracht. All die *Nesthäkchen*-Bände von Else Ury habe ich dort gelesen. Diese Autorin wurde auch in Auschwitz umgebracht, eine kleine Straße am Berliner Savignyplatz ist seit einigen Jahren nach ihr benannt. Ein anderes Buch, das wir auch in der Schule lasen, hieß *Der Retter von Chula*. Es befand sich ebenfalls in der Bibliothek des Heims und wurde eines meiner Lieblingsbücher. Die Geschichten handelten von der jüdischen Besiedelung Palästinas. Der Autor Smolly Elieser gilt heute als ein Mitbegründer der neuhebräischen Jugendliteratur. Diese Bücher versetzten mich damals in eine andere Welt, ließen mich für Stunden alles andere vergessen.

Gleichzeitig spielten wir viel mit unseren Freundinnen. Ich erinnere mich, dass wir stundenlang nichts anderes als *Vater-Mutter-Kind* spielten, auch noch mit elf, zwölf Jahren, auch die etwas älteren Mädchen liebten dieses Spiel. Wahrscheinlich drückte sich darin unsere Sehnsucht nach einer Familie aus, die immer blieb, so gut es uns auch im Heim gefiel.

Manchmal schrieb uns Benno aus Schniebinchen, das waren wunderbare Momente, wenn wir so einen Brief bekamen. Anfangs konnten wir auch unserem Vater nach Amerika noch schreiben, irgendwann dann nur noch Rote-Kreuz-Karten mit 25 Wörtern. Auch Fräulein Guttmann gab unserem Vater in Amerika in Rote-Kreuz-Briefen Bericht über unsere Entwicklung, sie schrieb ihm, wie es uns ging, wie wir lernten und uns veränderten. Noch nachträglich denke ich mit inniger Dankbarkeit an diese Erzieherin und gleichzeitig mit Schmerz.

Wir waren nicht die einzigen Zwillinge in der Fehrbelliner Straße 92. Da gab es zwei Brüder, Ernst und Herbert Czerniak, sie waren noch nicht vier, als wir sie kennenlernten. Mit drei waren sie ins Heim gekommen, ich kenne die Gründe nicht. Diese kleinen Jungen waren so süß, wir liebten sie alle sehr und versuchten, sie zu verwöhnen. Sie waren nicht eineiig wie Ruth und ich, sie sahen verschieden aus, einer war blauäugig und blond, der andere hatte dunkle Haare und dunkle Augen. Als sie sechs Jahre alt waren, sind sie deportiert worden, so unschuldige, liebe Kinder. So alt Ruth und ich sind, die Trauer um diese Jungen liegt jeder von uns auf der Seele.

Auch von der Fehrbelliner Straße aus gingen wir in die Neue Synagoge Oranienburger Straße. Dort fanden Gottesdienste und Konzerte statt, der Chor sang, in dem sowohl meine Schwester als auch ich waren. Wir standen aufgereiht rechts und links von der berühmten Orgel, der größten Synagogenorgel Deutschlands. Ich weiß noch, wie ich das ›Schma Israel‹ ganz alleine sang und wie meine Stimme in dem weiten Raum hallte, der eine einmalige Akustik besaß. Erst sang der Kantor und danach begann mein Sololoteil, dann kam der gesamte Chor und zum Schluss fiel das Publikum ein. Es war ergreifend. Diese himmlische Musik blieb mir unvergesslich.

Während der Gottesdienste hatte ich Zeit, mir alles genau anzusehen. Die prachtvolle Ausgestaltung, den ›Aron Hakodesh‹ mit dem bestickten Samtvorhang, in dem die Thorarollen untergebracht waren.

Ich liebte diese schöne Synagoge, die Gottesdienste dort, den Klang der Orgel und unseren Chor. Mir schien, das war etwas Ewiges; etwas, das bleibt, auch wenn ringsherum alles immer schlimmer wurde. Die Religion war wie ein Anker. Nach den Gottesdiensten standen die Menschen noch in Gruppen und unterhielten sich leise. Wir Chorkinder drückten uns da immer herum, hörten zu und verstanden, dass die Leute Nachrichten austauschten, über die von allen ersehnte Ausreise redeten, die fast niemandem mehr gelang, dass sie über die neusten Verordnungen redeten und eben über ihre Sorgen sprachen. Wenn sie auseinander gingen, verabschiedeten sie sich mit »Gut Jontif« und »Gut Schabbes«. Zu dieser Gemeinde gehörten auch wir, das habe ich dort in der Synagoge Oranienburger Straße ganz stark empfunden. Noch viele Synagogen habe ich im Verlaufe meines Lebens besucht, kleine und große, architektonisch berühmte. Keine war so traumhaft schön und in keiner anderen hatte ich eine so tiefe Verbundenheit gefühlt wie in dieser. Meiner Schwester geht es ebenso. Wir erinnern uns sogar noch an die Persönlichkeit des Rabbiners und an die einzigartige Stimme des Oberkantors Leo Gollanim. Während der Gottesdienste sah ich, wie die Frauen und Töchter auf der Empore mit ihren Männern, Vätern und Brüdern Blickkontakt suchen und dachte traurig an unsere Angehörigen. An der Orgel in der Oranienburger Straße saß ein blinder Mann, der wurde immer von seiner Frau geführt. Er lobte meine Stimme und bat mich, weil er mich ja nicht sehen konnte, mein Gesicht abtasten zu dürfen. Er hat es getan und mir gesagt, ich wäre ein guter Mensch mit einem guten Charakter. Ich war erstaunt, dass er das ertastet haben wollte und sagte es keinem. Doch ich war beglückt, weil es etwas so Außergewöhnliches war und weil dieses Kompliment mir so guttat, denn mein Selbstbewusstsein war nicht groß, wurde durch die täglichen Demütigungen auf lange Zeit beschädigt, obwohl wir damals oft einen Spruch sagten: »Schäme dich nicht, ein Jude zu sein! Gräme dich nicht, ein Jude zu sein! Dein Stolz und dein Ruhm – sei Kämpfer für das Judentum!«

## UNSERE FREUNDINNEN

Wir gingen weiter in die Jüdische Mädchenschule, viele unserer neuen Freundinnen lernten auch dort in der Auguststraße. Unser Weg führte über den Koppenplatz. Dort hatten wir ein Erlebnis, das sich mir für immer eingebrannt hat.

In der Fehrbelliner Straße waren wir bald in inniger Freundschaft verbunden mit zwei Schwestern, die mit uns im selben Zimmer schliefen, Ruth und Thea Fuss. Thea war neun Monate älter als wir, ging aber in dieselbe Schulklasse, Ruth war noch ein Jahr jünger. Von ihnen gibt es diese schönen Fotos von Abraham Pisarek, auf denen man sieht, was für liebe, hübsche Gesichter sie hatten. In das Poesiealbum unserer Freundin Ruth Pisarek, das sie noch heute besitzt, malte Ruth Fuss viele kleine Herzchen. Abraham Fuss, Ruth und Theas Vater, war auch ein ›Ostjude‹ und daher galten auch sie als polnisch und später als staatenlos, obwohl die Mädchen in Berlin geboren waren und in der Fehrbelliner Straße 83, ein paar Häuser vom Kinderheim entfernt, aufgewachsen waren. Ihr Vater war Schneider, die Familie muss gut situiert gewesen sein, sie beschäftigten vier Angestellte und mehrere Helfer in ihrer Schneiderwerkstatt. Aber Abraham Fuss gehörte zu denen, die am 28. Oktober 1938 nach Polen abgeschoben wurden. Die polnischen Behörden verweigerten ihm die Einreise, im Grenzort Bentschen war er interniert. Nach seiner Entlassung kam er wohl nach Berlin zurück und wurde am 13. September 1939, nach Kriegsbeginn, erneut verhaftet. Diesmal brachte ihn die Gestapo ins KZ Sachsenhausen. Die Mutter unserer Freundinnen konnte wenig später mit falschen Papieren nach Schweden ausreisen, die Töchter hoffte sie nachholen zu können und brachte sie zu ihrem Vater, dem Großvater der beiden. Aber als die Versuche der Mutter, von Schweden aus die Töchter nachzuholen, vergeblich blieben und als der Großvater ins Altersheim gehen musste, kamen Ruth und Thea wie wir in die Fehrbelliner Straße.

Als wir also einmal zusammen zur Schule gingen, am Koppenplatz vorbei, war dort eine große Baugrube ausgehoben. Ein Bunker wurde dort gebaut, ein Bonzenbunker, wie ihn die Leute später nannten, denn nur Privilegierte durften ihn ihm Schutz suchen. Die anderen Einwohner dieser Gegend mussten bei Bombenangriffen bis zum Alexanderplatz oder bis zum Monbijoupark laufen, das haben wir ja später erlebt. An diesem Tag aber war der Bunker noch im Bau und die da in der Baugrube schippten, waren Fremdarbeiter und KZ-Häftlinge in gestreiften Anzügen. Neugierig gingen wir an den Grubenrand und schauten hinunter. Da sah Thea plötzlich ihren Vater, von dem sie seit seiner Verhaftung nichts gehört hatte. »Papa, Papa! Mein Papa!«, schrie sie in höchster Erregung. Doch ihr Vater schaute hoch, legte den Finger auf den Mund. Nie werde ich seinen verzweifelten Gesichtsausdruck vergessen. Wir anderen standen einen Moment wie versteinert. Aber dann begriffen wir die Situation und führten die schreiende und weinende Thea fort von der Grube, weg von den Bewachern, die da mit Gewehren standen.

In der Schule kümmerte sich die Direktorin um unsere Freundin, die sichtbar unter Schock stand, sie nahm sie tröstend in den Arm.

Aber was gab es schon für einen Trost.

Abraham Fuss gehörte zu den 250 sogenannten Geiseln, die am 28. Mai 1942 im KZ Sachsenhausen erschossen wurden, als Vergeltung für den Brandanschlag, den eine Gruppe junger Juden um Herbert Baum zehn Tage zuvor im Lustgarten auf die Ausstellung *Das Sowjetparadies* verübt hatten. Aber das erfuhr ich erst lange nach dem Krieg – und ich denke und hoffe, Thea und Ruth erfuhren es gar nicht. Dass ihr Großvater, wie alle Bewohner des jüdischen Altersheimes in der Großen Hamburger Straße, deportiert wurde, haben sie aber gewiss noch erfahren. Dieses Altersheim wurde von der Gestapo zum Sammellager für jüdische Berliner zweckentfremdet, die zur Deportation vorgesehen waren. Auch unsere Freundinnen Ruth und Thea Fuss wurden von hier deportiert, am 19. Oktober 1942, mit dem 21. ›Osttransport‹, der mit 963 Menschen nach Riga ging. Dort wurden sie in den Wäldern am 22. Oktober erschossen. Ruth war elf, Thea zwölf Jahre alt.

Im selben Transport waren noch mehr Berliner Kinder aus Kinderheimen, auch die letzten aus dem aufgelösten Kinderheim Fehrbelliner Straße, unter ihnen die von uns allen so geliebten Zwillinge Ernst und Herbert Czerniak.

Es war mir 70 Jahre später eine Herzenspflicht, vor dem ehemaligen Wohnhaus der Familie Fuss in der Fehrbelliner Straße, heute Nr. 81, ein paar Worte zu reden, als Stolpersteine zur Erinnerung an die Schwestern und ihren Vater verlegt wurden.

Auch über das Schicksal der Mutter Hildegard Fuss haben wir vor wenigen Jahren etwas erfahren, aber das möchte ich später erzählen.

Zwei andere Schwestern, die unsere Freundinnen waren, hießen Meta und Erika Haitner. Sie waren etwas älter als wir, auch sie hatten einen Bruder, der nach England fliehen konnte. Leo Haitner gelang dies 1938, da war er 16 Jahre alt, durch Vermittlung des *ORT* [Organisation-Rehabilitation-Training], der handwerkliche und landwirtschaftliche Berufe unter jungen Juden förderte. Wahrscheinlich war Leo dort in Leeds auch mit unserem Bruder Theo zusammen. Der Vater David Haitner war als ›Ostjude‹ nach Beginn des Weltkrieges ebenfalls nach Sachsenhausen gebracht worden, wurde aber wie viele andere jüdische Häftlinge nach schweren Misshandlungen bald wieder freigelassen mit der Auflage, Deutschland sofort zu verlassen. Das Palästinaamt in der Meinekestraße, vor dem zu dieser Zeit jeden Tag lange

Schlangen standen, konnte David Haitner und seiner Ehefrau Lisbeth die Chance bieten, über verschiedene Stationen nach Palästina auszureisen. Man drängte sie, diese Möglichkeit anzunehmen, die aber nur ihnen offen stand, nicht den beiden Mädchen. Doch das Palästinaamt versprach, Meta und Erika bevorzugt zu behandeln und baldmöglichst nachzuschicken – und so gingen die Eltern ohne sie. In Palästina landeten sie erst viele Jahre später, aber das ist eine andere Geschichte. Meta und Erika schliefen mit uns im selben Zimmer, wir feierten die Feste gemeinsam, wurden so etwas wie Geschwister. Sie hatten noch eine Großmutter in Berlin, die sie manchmal besuchten, aber bei der alten Frau konnten sie nicht leben und blieben bis zum Schluss im Heim. Am 29. November 1942 sind sie mit dem 23. ›Osttransport‹ nach Auschwitz gekommen, am Tag zuvor war Meta 14 Jahre alt geworden, Erika war fünfzehneinhalb Jahre alt. Auf der Transportliste, deren Kopie Inge Franken besorgte, standen viele Namen von unbegleiteten Kindern. Die jüngsten waren ein Jahr alt ...

Meta und Erika haben, als das noch möglich war, regelmäßig an ihre auf der Insel Mauritius internierten Eltern geschrieben. Vor kurzem bekam ich einige dieser Briefe von der Enkelin ihres Bruders.

Als ich diese Briefe las, stand mir meine eigene Kindheit wieder vor Augen. Wie sie versuchten, tapfer zu sein. Wie sie versuchten, nicht zu klagen und doch das Gefühl von Verlassenheit nicht verbergen konnten.

Mit ihrer kindlichen Schönschrift schrieb Meta am 3. März 1942: »(...) Ihr könnt Euch gar nicht vorstellen, was für eine Sehnsucht ich nach Euch habe. Liebe Eltern, bei uns in Berlin taut es schon. Gottseidank wird es auch mal wieder wärmer. Ich bin jetzt im Synagogenchor in der Johannisstraße. Wir haben es im Heim auch sehr schön. Fräulein Guttmann habe ich immer noch am liebsten von allen. Aber die anderen sind auch ganz nett. Am besten wäre es natürlich am schönsten, wenn wir bei Euch wären (...)«

Erika schrieb am selben Tag: »(...) Es ist ¼ 8 Uhr. Wir sind im Bett. Ich durfte bis um 8 Uhr Licht anlassen, in der Zeit schreibe ich an Euch. Ich schlafe mit 8 Kindern in einem Zimmer, im Alter von 4–12 Jahren. Es ist hier sehr schön, wir bekommen sehr gutes Essen. Ich habe große Sehnsucht und meine Gedanken sind nur immer bei Euch. So oft denke ich an die Vergangenheit. Wenn ich daran denke, wird mir ganz schwer zu Mute.«

Als ich das las, sah ich mich selbst, sah meine Schwester und eine tiefe Verbundenheit mit meinen Freundinnen von damals erfasste mich.

Den letzten Brief schrieben Erika und Meta am 2. November 1942, drei Wochen vor ihrem Tod: »Von Leo haben wir schon lange keine Post gehabt. Wir haben ja so große Sehnsucht nach Euch, meine lieben Eltern. So G'tt will kommt noch einmal die Zeit, wo wir uns alle wiedersehen.«

Es gab dieses Wiedersehen nicht.

David und Lisbeth Haitner sind nach einer unglaublichen, entbehrungsreichen Irrfahrt über die Ozeane, nachdem sie von ihrem Schiff aus den Anschlag auf die *Patria* mit angesehen hatten und jahrelang Gefangene auf Mauritius waren, 1945 endlich in Palästina angekommen. Dort erfuhren sie vom Tod ihrer Töchter. Der Vater wollte sich das Leben nehmen, seine Frau konnte ihn davon abhalten. Er starb 1976, jeden Tag wird er an seine Töchter gedacht haben.

Ich bin froh, dass es dank Inge Frankens seit 2011 auch für Meta und Erika einen Stolperstein gibt, vor ihrem ehemaligen Wohnhaus in der Torstraße 112, früher Lothringer Straße 54. Zur Stolpersteinverlegung sind auch wir damals nach Berlin gereist. Vielleicht bleiben vor diesen Stolpersteinen manchmal Leute stehen, lesen die Namen und denken an diese Mädchen.

Bis zum Sommer 1941 gingen wir noch an jedem Schultag zur Auguststraße. In den jüdischen Schulen ging trotz aller Bedrängnis der Unterricht weiter, nur waren die Klassen größer und immer wieder verschwanden Lehrer oder Mitschüler, andere kamen.

Unbeirrbar erzogen die Lehrer uns zu humanistischem Denken und Handeln. Immer noch sang ich im Chor: *Die Gedanken sind frei* und lernte fleißig Hebräisch und Englisch, obwohl es keine Aussicht auf eine Ausreise für meine Schwester und mich gab. Der Kontakt zu unserem Vater und zu Theo war abgebrochen, auch von Benno hörten wir kaum etwas. Die ›Hachscharah‹-Lager waren inzwischen in Arbeitslager umgewandelt worden, Schniebinchen wurde aufgelöst und Benno kam mit seinen Kameraden nach Neuendorf bei Fürstenwalde. Dort war auch ein ›Hachscharah‹-Lager gewesen, seit Juli 1941 unterstand es dem Reichssicherheitshauptamt und die jungen ›Chaluzim‹ mussten nun Zwangsarbeit für die Nationalsozialisten verrichten.

Es gab sogar noch Theateraufführungen und festliche Programme an der Schule, bei denen auch meine Schwester und ich mitwirkten. Nicht an alles erinnere ich mich. Als ich Jahre nach dem Krieg in der Oper *Turandot* war, kannte ich genau die Handlung und sie erinnerte mich an etwas, so genau, als wäre ich dabei gewesen. Aber ich wusste, dass ich darüber nichts gelesen hatte. Wie kam das nur? Mit ganz eigenartigen Gefühlen sah ich auch den Film *Turandot*. Obwohl die Handlung ja nun gar nichts mit meiner Kindheit zu tun hatte, musste ich immer an meine Schule in der Auguststraße denken. Dann traf ich Luzie, die auch in dieser Schule gewesen war und im Jüdischen Krankenhaus im Wedding überlebt hat. Dieses Krankenhaus war die einzige jüdische Institution, die in Berlin bis zum Mai 1945 bestand, natürlich unter Aufsicht der Nazis. Dort und im angeschlossenen Gefängnis haben ein paar Hundert jüdische Menschen überlebt, auch Luzie. In Israel erzählte sie mir, dass sie bei einer Schulaufführung von *Turandot* die Prinzessin gespielt hat. Ich muss bei dieser Aufführung auch im Publikum gewesen sein. Da wusste ich, warum ich jede Einzelheit der Handlung kannte.

Einmal hatte ich einen kleinen Unfall. Im Turnunterricht, der jetzt nicht mehr von Frau Löwenfeld geleitet wurde, die schon emigriert war, veranstalteten wir ein Wettrennen. Nicht im Turnsaal, sondern auf dem Hof, wo ich versehentlich in die falsche Richtung rannte und mit einem Mädchen zusammenstieß. Meine Schulkameradin bekam ein blaues Auge, Veilchen sagt man dazu in Berlin, bei mir war anfangs nichts zu sehen, aber bald wurde mir schwindelig und ich musste mich übergeben. Meine Schwester brachte mich ins Kinderheim zurück, dort holte man einen Arzt, der eine Gehirnerschütterung feststellte. Eine Woche lang musste ich nun in einem separaten Zimmer ruhig im Bett liegen. Meine Freundinnen kamen mich eine nach der anderen besuchen, aber sie sagten nichts und wenn ich sie ansprach, legten sie den Finger auf den Mund. Ich verstand das nicht. Als dann auch meine Schwester sich so verhielt, fragte ich sie angstvoll, was eigentlich los sei. Sie flüsterte mir zu, Fräulein Guttmann habe allen erklärt, dass ich absolute Ruhe benötige. Man dürfe nicht mit mir sprechen und mich nicht aufregen.

Da verstand ich, dass alles gut gemeint war und wurde auch schnell wieder gesund.

Nach dem Kriegsbeginn mit der Sowjetunion im Sommer 1941 musste unser Schulgebäude plötzlich geräumt werden, ein Lazarett wurde dort eingerichtet, eine Außenstelle des katholischen Hedwig-Hospitals in der Großen Hamburger Straße. Fromme Schwestern in ihrer Tracht gingen dort nun ein und aus und versorgten verwundete deutsche Soldaten. Nach dem Krieg erfuhr ich, dass gerade im Hedwig-Hospital mehrere jüdische Verfolgte gerettet wurden, das katholische Krankenhaus war ja nur wenige Schritte von der Sammelstelle in der Großen Hamburger Straße entfernt. Ein Oberarzt Dr. Lux und eine Fürsorgerin Frau Marianne Hapig und viele unbekannte Nonnen haben getan, was sie konnten, um einzelnen verfolgten jüdischen Menschen zu helfen. Auch in unserem ehemaligen Schulgebäude soll ein Mann, Dr. Hegewald, bis zum Kriegsende versteckt gewesen sein, getarnt als Verwundeter.

## MIT DEM GELBEN STERN

Unsere Schule zog in die bisherige Jüdische Jungenschule in die Kaiserstraße 29/30, die war nun natürlich überfüllt. In einer Klasse lernten über 50 Kinder, wir hatten in Schichten Unterricht, vormittags und nachmittags. In den Pausen war der Schulhof so voll, dass wir in Zweierreihen im Kreis gehen mussten, um ein wenig Bewegung zu bekommen. Parks oder Sportplätze durften wir ja schon nicht mehr betreten. Zum Glück waren die meisten Lehrer, wenn sie noch in Berlin waren, mitgekommen in die Kaiserstraße. Auch Herr Löwy, unser Stifte, war dort wieder Musiklehrer, auch dort stand ein Flügel in der Aula.

Selbst unter diesen Umständen gab es lustige Erlebnisse, wir waren ja Kinder und machten gern Unsinn. Einmal beschlossen wir alle, uns in der Aula zu verstecken, bevor Stifte sie zur Chorprobe betrat. Er kam also und fand die Aula leer vor, einen Moment lang amüsierten wir uns über sein verblüfftes Gesicht, dann sprangen wir alle aus unseren Verstecken hervor und überraschten ihn. Gemeinsam lachten wir dann. Dieses Lachen war so kostbar geworden.

Einmal, als sie schon den Stern trug, wurde meine Schwester Ruth in die Apotheke geschickt, um irgendeinen Sirup zu kaufen, sie übersah das Schild »Für Juden kein Eintritt« und ging hinein, als sich auch schon der Apotheker auf sie stürzte, sie ergriff und durch die Tür auf das Straßenpflaster warf, wo sie liegenblieb wie weggeworfener Müll. »Du Judenschwein«, brüllte er, »kannst du nicht lesen?«

Aber ein andermal waren drei unserer Erzieherinnen erkältet und Ruth hatte sich in den Kopf gesetzt, eine Zitrone für sie zu finden. Von Gemüsegeschäft zu Gemüsegeschäft lief sie, es gab keine Zitronen. Jedenfalls nicht für das Mädchen mit dem Stern. Aber dann kam sie in einen Laden, in dem nur eine Verkäuferin war, die ihr schnell mehrere Zitronen in die Tasche warf. Sie nahm auch kein Geld, sagte nur: »Sei vorsichtig, Kind, und gehe schnell!« Ruth erinnert sich noch heute: »Ich kann mein Gefühl der Dankbarkeit nicht beschreiben. Als ich ins Heim kam, fühlte ich mich, als hätte ich unseren Erzieherinnen mit den Zitronen mindestens das Leben gerettet. Ihre Freude tut mir noch heute gut.«

Immer noch gab es im Heim sehr schöne Stunden. In früheren Jahren hatten die Heimkinder oft Ausflüge gemacht, waren an den Werbellinsee oder an die Ostsee in die Ferien gefahren, so etwas gab es für uns nicht mehr, dafür genossen wir umso mehr die Gemeinsamkeit, die uns möglich war. Unsere Feste wurden jedes Mal liebevoll vorbereitet. Die Kinder, die noch Verwandte in Berlin hatten, besuchten sie manchmal an den Wochenenden, für uns kam das nicht in Frage. Die ›arischen‹ Verwandten durften keinen Kontakt mit Juden haben. Aber wir erinnerten uns an den Freund meines Vaters, Graham, der mit seiner Familie nach Polen ausgewiesen worden war. Seine Eltern lebten im Scheunenviertel, Dragoner- oder Grenadierstraße [heute: Max-Beer- und Almstadtstraße]. Dorthin gingen Ruth und ich, schon mit dem Gelben Stern, wir klingelten bei den Leuten. Sie öffneten, es waren herzensgute, warmherzige Menschen. Sehr fromm. Fortan luden sie uns oft zum Sabbat ein. Die Leute bewirteten uns mit Kuchen und wir genossen das Zusammensein mit ihnen. Der Freund unseres Vaters hatte vor seiner Ausweisung nach Amerika geschrieben, unseren Vater angefleht, ihn aus Deutschland anzufordern. Aber das konnte er ja gar nicht. Er konnte ja nicht einmal uns herausholen. Dieser Freund, seine Familie und auch die lieben alten Leute haben nicht überlebt. Doch der jüngere

Bruder war noch 1939 nach Palästina gegangen. Und als viele Jahre später mein Sohn Ami in Tel Aviv Inhaber einer Kunstgalerie war, traf ich dort eine junge Frau, die mir bekannt vorkam, obwohl ich sie nie gesehen hatte. Sie sah aus wie Frau Graham, nur jünger. Sie war, stellte sich heraus, eine geborene Graham, die Tochter jenes jüngeren Bruders, der als einziger aus der Familie überlebt hatte. Er lebte im Kibbuz, kam mich besuchen und ich habe ihm von seinen Eltern erzählen können, von der Gastfreundschaft und Menschlichkeit, die sie zwei verlassenen kleinen Mädchen entgegenbrachten.

Seit dem September 1941 mussten wir den Gelben Stern tragen. Unsere Erzieherinnen riefen uns im Speisesaal zusammen und erklärten uns das neue Gesetz. Wir hatten alle Angst davor, nun sichtbar als Juden gekennzeichnet zu sein. Einige von uns waren ja blond und blauäugig, niemand hätte sie für jüdische Kinder gehalten. Nun also würde uns auf dem Schulweg jeder erkennen. Fräulein Guttmann meinte, wir sollten nur noch in Gruppen gehen, um uns gegenseitig zu beschützen. Es muss schwer gewesen sein für unsere aufopferungsvollen Erzieherinnen, uns kaum helfen zu können. Sie mussten ja selbst den Stern tragen. Sie konnten uns nur genau erklären, wie wir mit ihm umgehen sollten, zeigten uns, wie man ihn annäht, und halfen uns dabei. Auch in der Schule lernten wir im Handarbeitsunterricht, ihn sorgfältig zu umsäumen und anzunähen.

Und sie prägten uns immer wieder den Spruch ein: »Schäme dich nicht, ein Jude zu sein!«, erzählten uns von den großen Leistungen des jüdischen Volkes, auch in Deutschlands Geschichte. Unsere Freundin Ruth Pisarek schrieb Jahre später über das Tragen des Sterns: »(...) wir haben uns nicht geschämt. Wir fühlten uns weder gedemütigt noch minderwertig. Ganz im Gegenteil: Wir waren diejenigen, die auf der Seite des Rechtes und der Wahrheit standen. Die anderen waren es, die Böses und Unrecht taten. Und letzten Endes würde das Recht siegen. Wir fühlten uns wie die Maccabäer, die gegen eine Übermacht für ihren Glauben einstanden.«

Genauso empfanden meine Zwillingsschwester und ich es auch. Und doch ...

Damals war es für Juden schon verboten, sich auf eine Bank zu setzen oder mit der Straßenbahn zu fahren. Aber in die Kaiserstraße nahe dem Alexanderplatz fuhr von der Fehrbelliner aus sowieso keine Straßenbahn, der Fußweg war etwas weiter als in die Auguststraße, deshalb natürlich auch gefährlicher. Hatten uns andere Kinder ein paar Jahre zuvor nur geärgert und vielleicht geschubst, war nun auch die Hitlerjugend brutaler geworden. Sie warfen Steine nach uns, im Winter harte Schneebälle, in die Steine eingepackt waren. Niemand von den Erwachsenen ohne Stern half uns, auch die Polizisten sahen weg. Im Kinderheim warteten sie schon immer voller Sorge und waren froh, wenn wir heil wieder angekommen waren.

Am schwersten hatte es Sylvia Wagenberg, die mit uns in dem Achtbettzimmer schlief. Sie war zwei Jahre älter, aber das sah man nicht sofort, weil sie recht klein war. Sie ging als Einzige in die Mittelschule Große Hamburger Straße, so musste sie ihren Schulweg alleine bewältigen. Mit ihren pechschwarzen Augen und dem schwarzen Haar wurde sie gleich als Jüdin erkannt und manchmal einfach so angegriffen – von der Hitlerjugend oder auch von irgendwem, der gerade Lust hatte, eine Jüdin zu schlagen. Sie lief zitternd in ihre Schule und auch so zurück, aber in der Schule selbst fühlte sie sich sehr wohl.

Im Herbst 1941 begannen die ersten Deportationen aus Berlin. Manche unserer Kameradinnen verloren ihre letzten Verwandten. Wenn nun die Sitzplätze unserer Mitschülerinnen leer blieben, dann nicht, weil sie ausreisen konnten, sondern weil sie »nach Osten« abwandern mussten. Man wusste, dass das nichts Gutes war. Aber dass es den Tod bedeutete, diese entsetzliche Wahrheit kannten wir nicht, ließen sie nicht an uns heran. Auch die Erwachsenen hofften doch immer noch, machten sich etwas vor, glaubten an eine Art Ghetto, in dem man arbeiten müsse, an einen Ort, an dem eben nur jüdische Menschen leben. Aber eben leben, von Gaskammern wussten wir nichts, von Massenerschießungen und Massenmorden hatten wir nichts gehört, so etwas hätten wir wohl auch nicht geglaubt. Und unsere Erzieherinnen schonten uns, versuchten, uns vor den grausamen Tatsachen abzuschirmen, soweit es ging.

Das, was wir erlebten, war grausam genug.

Manchmal bekamen Mütter eine Aufforderung zur »Abwanderung« und holten vorher ihre Kinder aus dem Heim. Dann gab es traurige Abschiede, die schon langsam Alltag wurden. Meine Zwillingsschwester bekam von einer Schulfreundin deren Lieblingspuppe. »Sie ist jetzt sicherer bei dir.« Ruth hat diese Puppe lange aufbewahrt. Sie kann bis heute nicht Abschied nehmen, läuft einfach weg. Mir geht es ähnlich. Damals kamen auch neue Kinder ins Heim, die plötzlich ohne Eltern dastanden, so wie wir Zwillinge anderthalb Jahre zuvor. Wir erinnern uns bis heute an ein Mädchen, so alt wie wir, das weinend von zwei Männern gebracht wurde, als wir alle gerade im Speisesaal damit beschäftigt waren, Strümpfe zu stopfen. Fräulein Guttmann und Fräulein Lewin erzählten uns älteren Mädchen ihre Geschichte: Sie war ein adoptiertes Kind, ihre Abstammung jüdisch. Die Adoptiveltern waren »rein arisch«. Als herauskam, von welcher Herkunft ihre Tochter war, durften sie sie nicht mehr behalten. Das kleine Mädchen hatte gar nichts darüber gewusst und war nun völlig verwirrt. Sie musste den Stern tragen, sollte nun eine Jüdin sein, wo sie bisher nur Schlechtes über uns gehört hatte. Wir trösteten sie, sagten ihr, dass es gar nicht so schlimm sein würde, hier bei uns zu leben und versuchten, ihr die Eingewöhnung zu erleichtern. Die Eltern haben sie nie besucht, vielleicht durften sie es nicht. Auch dieses Kind ging den Weg aller Kinder aus der Fehrbelliner Straße 92 in die Vernichtung. Meine Schwester Ruth und ich haben oft an sie gedacht, aber auch an ihre Adoptivmutter. Kann man aufhören, ein Kind zu lieben, nur weil es jüdisch ist? Diese Frage hat uns sehr beschäftigt.

Nur noch im Heim und in der Schule fühlten wir uns sicher. Ich habe mich später immer wieder gefragt, wie es unsere Lehrer und Erzieher schafften, ihre eigenen Ängste vor uns zu verbergen und uns eine Kinderwelt zu schaffen, in der wir leben konnten.

Doch auch diese Welt bekam immer mehr Risse. Es war mit großen Ängsten verbunden, als auch wir für die Winterhilfe Kleidung sammeln sollten. Die Anordnung ging an unsere Schule, schließlich sammelten auch die ›arischen‹ Kinder und wir jüdischen Kinder sollten eben an Türen klingeln, die mit dem Davidstern gekennzeichnet waren. Unsere Lehrer schickten uns in Gruppen los, ich weiß nicht mehr, in welchen Straßen wir sammeln mussten. Ich weiß nur, dass es ein furchtbares Gefühl war. Wir gingen in die fremden Häuser, klingelten an den mit dem Stern gekennzeichneten Türen. Die Leute gaben uns, was sie entbehren konnten, obwohl sie wussten, dass die Kleidungsstücke nicht für jüdische Leidensgefährten sein würden, sondern für die ›arische‹ Winterhilfe. Aber sie wollten uns helfen, denn wir hatten ihnen gesagt, wir müssten mehr sammeln als die christlichen Kinder, damit man uns nicht der Sabotage bezichtigen könnte.

Schon im August 1940 hatte es den ersten Bombenangriff auf Berlin gegeben. Auch wir im Kinderheim suchten bei Bombenalarm den Keller auf, wo jedes Kind eine Pritsche hatte. Manchmal wollten wir einfach weiterschlafen und erinnern uns, dass wir sanft aufgehoben und im Halbschlaf in den Keller getragen wurden.

Auch bei uns gab es die Verdunkelung. Rollos aus schwarzem Papier wurden heruntergelassen. Aber darauf hatten unsere Erzieherinnen mit bunter Kreide Blumen und Sonnen gemalt.

An das letzte Chanukkafest im Kinderheim Ende 1941 kann ich nur mit Schmerz und Trauer denken. Dabei sollte es ein freudiges Ereignis sein, auf das wir uns schon Monate vorher vorbereitet hatten. Chanukka ist ja ein Freudenfest, man erinnert sich an das Licht, das nicht verlöschte, obwohl das Öl schon lange zur Neige gegangen war. Unsere jüdischen Feste erinnern ja immer an bestimmte Ereignisse aus der Geschichte und gerade in Zeiten, wie wir sie 1941 wieder erlebten, gaben sie Hoffnung und das Gefühl, nicht am Ende der Geschichte angelangt zu sein. Schon lange davor hatten wir Handarbeiten angefangen, um unseren Erzieherinnen und uns gegenseitig Geschenke zu machen. Wenn jemand noch eine Mutter draußen hatte, dann natürlich zuerst für sie. Zu Chanukka zündet man acht Tage lang Lichter an zur Erinnerung an die Befreiung des Tempels von den griechischen Eroberern. Man singt und spielt mit dem Dreidel, einem Kreisel mit vier Seiten, den wir »Trendel« nannten.

Es gab Süßigkeiten, die schon äußerst selten und kostbar geworden waren, es stand trotz der Not irgendwas in Öl Gebackenes auf dem Tisch, die Atmosphäre war entspannt, vergnügt, wie es auch immer seltener wurde. Wir sangen die Chanukkalieder, es gibt so viele schöne: *Ner li Ner li* [Lichtlein, ja, und so zünden wir dich an] und *Maoz Tzur Jeshuati* [Fels meiner Rettung]. Wir sangen sie auf Deutsch und auf Hebräisch. Jedes Kind bekam vom Heim ein Geschenk, auch in diesem Jahr 1941. Ich bekam eine Pfeife und eine Schachtel mit verschiedenfarbigen Seifenstücken, damit konnte ich bunte Seifenblasen machen, über die alle staunten. Ich werde es niemals vergessen, wie wir alle die Seifenblasen zu fangen versuchten und wie sie platzten und wie lustig wir waren. Ich war sehr glücklich in diesem Moment und die anderen waren es auch. Aber für diese Kinder gab es kein Chanukka 1942, sie waren am Ende des Jahres 1942 alle schon ermordet.

Kann sich das ein Mensch vorstellen?

Das ist meine Erinnerung an Chanukka 1941. Und immer, wenn ich seitdem die Chanukkalichter angezündet habe, auch als ich eine junge Mutter war und selbst zwei kleine Kinder hatte, musste ich mich umdrehen oder in die Toilette verschwinden, meine Kinder sollten meine Tränen nicht sehen. Ruth, die drei schon längst erwachsene Kinder hat, geht es nicht anders. Diese Kinder, die da umgekommen sind, stehen zu Chanukka immer neben uns. Eigentlich nicht nur zu Chanukka, sondern immer. An dieses letzte Chanukka kann ich mich so gut erinnern, weil es das letzte schöne Fest unserer Kindheit war.

## ABSCHIEDE

Im Frühjahr 1942 wurde angeordnet, das Kinderheim Fehrbelliner Straße aufzulösen, und wir nunmehr etwa 50 Kinder sollten in das Auerbach'sche Waisenheim in der Schönhauser Allee 162 kommen. Wir waren alle sehr bestürzt, als wir davon erfuhren. Das Haus in der Fehrbelliner Straße war doch unser Zuhause geworden, wieder alles zu verlieren, stellten wir uns schrecklich vor. Aber Ruth und ich waren mit fast zwölf Jahren auch alt genug, um zu erkennen, was ringsum geschah, dass die Erwachsenen selbst keine Macht über die Ereignisse hatten. Die Nazis beanspruchten unser Haus für ihre eigenen Zwecke, auch war die Gemeinde durch die anhaltenden Deportationen geschrumpft, und sie konnte längst nicht mehr selbst über ihre Einrichtungen entscheiden. Doch im Auerbach'schen Waisenhaus würden wir wohl nicht mehr mit unseren geliebten Erziehern zusammen sein können. Ich hatte über diese Einrichtung nur Schlechtes gehört. Sie befand sich seit 1897 an der Schönhauser Allee, war aber nicht so modern und freiheitlich wie die *Ahawah* in der Auguststraße oder unser Heim. Es hieß, dass die Kinder dort in Uniformen gekleidet waren und dass sie von sehr strengen Erziehern konservativ erzogen wurden. Ob das so war, weiß ich nicht, ich wollte einfach nicht dorthin, nicht schon wieder in ein Heim. Denn so wie in der Fehrbelliner Straße würde es nirgends sein. Ich war verzweifelt, dass wir wieder alles verlieren sollten.

Im Sommer 1942 sollten auch alle jüdischen Schulen geschlossen werden. Jüdische Kinder sollten nichts mehr lernen. Jüdische Kinder sollte es gar nicht mehr geben. Ruth und ich hatten das Glück, einige Jahre lang die Schule besucht zu haben. Aber was sollte aus den Kleinen werden, die noch gar nicht lesen konnten? Was sollte nun aus uns werden?

Wir hatten einen Vormund, das war Dr. Dora Silbermann, die Leiterin der Jüdischen Jugendhilfe in der Oranienburger Straße. Fräulein Dr. Silbermann, damals nannte man alle unverheirateten Frauen Fräulein, auch wenn sie Doktor waren. Sie war eine bekannte Persönlichkeit in der jüdischen Sozialarbeit Berlins, sie hatte auch das jüdische Kindergärtnerinnenseminar geleitet und es kurz zuvor schließen müssen. Aber ich glaube, das wussten wir damals gar nicht, wir wussten nur, dass sie unser Vormund war, über unseren Weg zu bestimmen hatte; damals Mitte fünfzig – für uns eine alte Frau. Mit ihrem grauen Haar und dem sorgenvollen Gesicht über dem Kropf sah sie respekteinflößend und doch mütterlich aus. Wir vertrauten ihr, vielleicht wussten wir, dass durch ihre Hilfe schon unser Bruder Theo den Platz im ›Kindertransport‹ bekommen hatte.

Es muss noch vor der Schließung der Schule gewesen sein, denn es war nach dem Unterricht, als ich mich von den anderen absonderte und in das Büro unseres Vormunds ging. Nicht einmal meine Schwester wusste davon. Über den Alexanderplatz, den Hackeschen Markt bis zur Synagoge ging ich ganz allein mit meinem Gelben Stern.

Die Büros der Wohlfahrts- und Jugendpflegestelle der Jüdischen Kultusvereinigung, wie sich die Gemeinde jetzt nennen musste, lagen neben der Synagoge in der Oranienburger Straße. Ich erinnere mich ganz genau an die Situation, wie Fräulein Dr. Silbermann bekümmert hinter ihrem Schreibtisch saß und mir zuhörte. Ich weinte bitterlich und konnte mich kaum beruhigen. Meine Mutter, sagte ich, hätte nicht gewollt, dass ihre Püppchen ins Auerbach'sche Waisenheim kämen. Ob es denn nicht irgendwo eine Familie gäbe, Pflegeeltern, zu denen wir kommen könnten.

Sie kam um ihren Schreibtisch herum, ich lehnte meinen Kopf an ihre Schulter, sie streichelte und beruhigte mich: »Hör erst mal auf zu weinen, mein Kind, hör mir zu.«

Sie sagte, es gäbe jetzt so viele Waisenkinder und immer weniger Pflegeeltern, und so viele Familien müssten »abwandern«.

›Kindertransporte‹ nach England gab es schon seit Kriegsbeginn nicht mehr. Deshalb könne sie mir gar nichts versprechen, aber sie wolle sich um eine Lösung für uns bemühen. Langsam wurde ich ruhiger, ich wusste, dass sie es ehrlich meinte und schöpfte etwas Hoffnung. Aber dann fragte sie, ob jemand im Heim wüsste, dass ich bei ihr sei. Da musste ich zugeben, dass nicht einmal Ruth eingeweiht war.

Sofort rief sie im Heim bei Fräulein Guttmann an und sagte, dass ich bei ihr sei. Inzwischen war ja die Gruppe mit den anderen Kindern in der Fehrbelliner Straße eingetroffen, man vermisste mich bereits und Fräulein Guttmann war schon ganz aus dem Häuschen.

Als ich zurückkam, schimpfte sie etwas, bat mich eindringlich, solche gefährlichen Alleingänge fortan zu vermeiden. Jeder hätte sich doch an mir vergreifen können und niemand hätte mir geholfen, denn wer jemanden mit dem Stern verteidigte, gefährdete sich selbst. »Tu so etwas nie mehr, erschrecke uns nicht so!«, verlangte sie. Am nächsten Tag schon rief Fräulein Dr. Silbermann an, sie hatte einen Pflegeplatz für uns gefunden. Das war bei einem älteren Ehepaar aus der Dragonerstraße, sie hießen Schier, der Mann war Angestellter der Gemeinde, er arbeite in der Verwaltung des Jüdischen Krankenhauses in der Iranischen Straße im Wedding. Ihre drei erwachsenen Kinder lebten schon in Palästina, so waren sie allein. Ruth und ich, wir verabschiedeten uns von unseren Erzieherinnen und den anderen Kindern, die bereits ihren Umzug vorbereiteten und kamen also zu den Schiers. Dort blieben wir nicht ganz ein Jahr.

Das Ehepaar Schier stammte nicht aus Berlin, sie hatten vorher in irgendeinem kleinen Ort gelebt, in dem furchtbarer Antisemitismus herrschte und waren nach Berlin gekommen, um dem zu entgehen. Am Anfang der Nazizeit hatten viele jüdische Menschen gehofft, in der Anonymität der Großstadt wäre das Leben für sie leichter. Vielleicht war es in den ersten Jahren auch so, aber inzwischen hatten die antijüdischen Gesetze ja alle Bereiche erfasst und durch den Gelben Stern waren wir

Gezeichnete. Sie nahmen uns auf und dafür müssen wir ihnen immer dankbar sein. Wie es dazu gekommen ist, ob die Gemeinde für unseren Aufenthalt zahlte oder ob die Schiers einfach Gutes tun wollten oder Fräulein Dr. Silbermann ihre Bitte erfüllen, weil Herr Schier ja dort Angestellter war – die Zusammenhänge kenne ich nicht. Die Dragonerstraße, heute heißt sie anders, liegt mitten im Scheunenviertel; da wo die ärmsten Juden lebten. Schiers hatten zwei Zimmer, ein Schlaf- und ein Wohnzimmer. Es gab ein riesiges Eisenbett für meine Schwester und mich, wir schliefen im Wohnzimmer. Morgens bauten wir das Bett immer auseinander und stellten es tagsüber auf den Korridor, wo es hinter einem Vorhang versteckt war, bis wir es abends wieder aufstellten.

Die Kinder aus der Fehrbelliner Straße kamen übrigens gar nicht ins Auerbach'sche Waisenheim, das zu dieser Zeit schon völlig überfüllt war. Auch das Reichenheimsche Waisenhaus vom Weinbergsweg war schon 1939 in die Schönhauser Allee 162 gezogen, auch die Jungen vom Jüdischen Waisenhaus in Pankow, auch kleine Kinder und Säuglinge aus jüdischen Heimen wurden dorthin gebracht, selbst Kinder aus anderen Städten, wie zum Beispiel Breslau, wie ich heute weiß. Gleichzeitig wurden Kindergruppen deportiert, es muss ein großes, hoffnungsloses Durcheinander gewesen sein.

›Unsere‹ Kinder kamen in die Schönhauser Allee 22, in das ehemalige 2. Altersheim der Jüdischen Gemeinde, das nach seinen Stiftern Bertha und Moritz Manheimer benannt war. Aber viele der alten Leute waren schon »nach Osten« gebracht worden, am 2. Juni 1942 ging der erste von mehr als 100 Alterstransporten nach Theresienstadt, im August 1942 wurden die letzten alten Menschen aus dem Manheimerschen Altersheim deportiert. Nun war Platz für die Kinder, die da in den Sälen hausten.

Wir haben sie und unsere Erzieherinnen noch mehrmals von der Dragonerstraße aus besucht, sie begrüßten uns herzlich, aber das war nicht mehr unser vertrautes Kinderheim. Ich erinnere mich an den Blick aus den hohen Fenstern auf den alten Friedhof. Man sah die vielen Grabsteine, zwischen denen nun die Kinder spielten. Die Atmosphäre war angespannt, obwohl die Erzieherinnen sich sicher bemühten, Ruhe und Ordnung in die Gruppen zu bringen, aber die Kinder waren aufgescheucht, verunsichert, das hier war bereits ein Sammellager. Als ich einmal wiederkam, um sie zu besuchen, waren sie alle fort. Im Auerbach'schen Waisenheim saß nun die Hitlerjugend, die Gebäude wurden im Krieg zerstört. Auch das Gebäude des Manheimerschen Altersheims hatten die Nazis sich angeeignet, es blieb stehen und als ich es nach dem Krieg wiedersah, gehörte es der Deutschen Volkspolizei.

Wir hatten unser Leben gerettet, indem wir zu den Pflegeeltern gekommen waren. Sonst wären wir wohl mit den anderen abtransportiert worden. Eine Überlebende hier in Israel habe ich einmal sagen hören: »Ich bin 99mal gestorben und einmal habe ich überlebt.« So ähnlich ging es uns. Wir haben überlebt, aber ein Stück von uns ist mit den anderen gegangen. Und jeder Einzelne von uns Überlebenden war mehrmals um Millimeter dem Tod nahe. Eigentlich haben wir nicht einmal überlebt, sondern mehrmals.

Die Beziehungen zu dem Ehepaar Schier waren natürlich ambivalent, unsere Lehrer und Erzieherinnen hatten wir geliebt und fühlten uns von ihnen geliebt. Aber hier war es anders: Wir spürten, dass wir eine Last waren, noch dazu in einer schrecklichen Zeit, in der jeder Tag neue schlimme Einschränkungen brachte. Umso dankbarer mussten wir ihnen sein, dass sie uns aufgenommen haben, aber es ist auch schwer für zwei elf-, zwölfjährige Mädchen, immerzu Dankeschön dafür zu sagen, dass man überhaupt da sein durfte. Alles wurde immer enger, alles war von Angst durchtränkt. Die Wohnung roch nach Angst, wir rochen nach Angst, jeder Schritt war durch Angst gelenkt. Es gab kein Vertrauensverhältnis zwischen den Schiers und uns, wir blieben uns fremd. Sie erzählten uns nicht alles, was sie dachten und wussten, und auch wir öffneten uns nicht.

Wir wussten nicht, wohin unsere Kinderheimgefährten und die Erzieherinnen gekommen waren, niemand sagte uns, was vor sich ging. Herr Schier als Angestellter der Kultusvereinigung wusste sicherlich manches und als Erwachsene begriffen sie ohnehin besser als wir, was da »im Osten« geschah. Einerseits besprachen sie bestimmte Dinge nicht vor unseren Ohren, sondern in ihrem Schlafzimmer, andererseits erzählten sie in unserer Anwesenheit Dinge, die uns noch mehr verängstigten und erschreckten.

Man sprach nur noch über die Abholungen, die in der Luft lagen. Hiobsbotschaften über Hiobsbotschaften. Gerüchte, die sich oft leider als wahr herausstellten. Herr Schier war ein sehr ruhiger Mensch, eigentlich sehr nett zu uns. Seine Frau war dominant und für uns eine Respektperson. Obwohl sie den ganzen Tag zu Hause war, spannte sie uns für viele Arbeiten ein, wenn wir erschöpft nach Hause kamen. Es gab nichts Schönes, kein Spiel, kein Buch. Sie hatten wie alle jüdischen Menschen in dieser Zeit viele Sorgen – und mit unserer Trauer um die verlorenen Freundinnen, mit unseren Ängsten waren wir allein. Zu zweit allein, denn es war ein Glück, dass Ruth und ich einander hatten. Wir verstanden schon, dass wir von dem Ehepaar Schier abhängig waren, und versuchten, ihnen alles recht zu machen. Sie teilten ihr Essen mit uns, ihre Hungerrationen. Auf unsere ›Judenkarten‹ bekamen wir nur schwarzes Brot, kein Weißbrot. Heute esse ich ja gar kein Weißbrot, weil es ungesund ist, aber die Nazis scheinen das nicht gewusst zu haben, wir bekamen nur das weniger begehrte dunkle Brot und Kohlrüben, kein anderes Gemüse. Und eben kaum Fett und Zucker, da war es schwer, etwas Nahrhaftes zu kochen, wir hatten immer Hunger.

Meine Pflegemutter schickte mich mit einem Leinenbeutel zu einem Bäckerladen in der Dragonerstraße, wo es auch Kuchen und weißes Brot gab. Ich ging mit dem Stern an der Jacke ins Geschäft und verlangte schwarze Brötchen, die wir kaufen durften. Schusterjungen nennen die Berliner sie. »Gib mal deinen Beutel!«, sagte die Bäckersfrau, ich bezahlte, sie schnitt die Abschnitte von der Karte ab, und als ich zu Hause den Beutel auspackte, waren unter den Schusterjungen auch zwei weiße Schrippen, da habe ich mich furchtbar erschrocken. Heute kann man sich diesen Schreck gar nicht mehr vorstellen, aber für diese Tat, dafür, dass sie einem jüdischen Kind das verbotene weiße Brot gegeben hat, hätte die Frau von der Erde verschwinden können. Sie durfte ja kaum mit mir sprechen, nicht freundlich sein. Ich wusste, dass es Spitzel in Zivil gab, die der Gestapo alles zutrugen und verging fast vor Angst. So war die Atmosphäre. Und es kostete mich fortan Überwindung, in diesen Bäckerladen zu gehen, weil ich doch die Frau nicht verleiten wollte, sich und mich in Gefahr zu bringen.

Wie tief die Angst saß, zeigt eine andere Erinnerung. Im Treppenhaus gab es ein großes Fenster, das nachts verdunkelt sein musste. Dafür war dort ein Papierrollo angebracht, das man herunterlassen musste, bevor es dunkel wurde. Damals gab es ja schon viele Bombenangriffe. Als ich einmal in der Dämmerung nach Hause kam, ließ ich dieses Rollo hinunter und plötzlich fiel mir ein Metallstift entgegen, eine Art Spange, die mit einem Judenstern bezogen war. Wahrscheinlich hat jemand, der es wagte, ohne Stern ins Kino oder Theater zu gehen, sich diesen Stern hergestellt, um ihn schnell abnehmen und anstecken zu können. Das war verboten, der Stern musste fest angenäht sein. Ich erschrak zu Tode bei der Vorstellung, man könnte diesen Stern bei mir finden, man könnte annehmen, dass ich ihn dort deponiert hatte. Wie gelähmt saß ich auf der Treppe mit dem Ding in der Hand und dachte: Hoffentlich kommt jetzt kein Spitzel die Treppe hoch.

Es häuften sich die Bombenangriffe, die nächtlichen Sirenen. Bei Fliegeralarm blieben wir mit dem Ehepaar Schier in ihrer Wohnung im obersten Stock. Wir hätten sowieso nicht in den Keller gedurft, nur auf der Kellertreppe hätten wir stehen dürfen. Da sagte Herr Schier: »Wir bleiben gleich hier oben. Es ist sowieso alles egal.«

Weil die jüdischen Schulen nun endgültig geschlossen waren, wurden meine Schwester und ich zur Zwangsarbeit eingeteilt. Das nannte sich Arbeitsdienst, aber ich nenne es Zwangsarbeit, denn wir waren noch keine zwölf Jahre alt, in diesem Alter hat ein Kind normalerweise nicht zu arbeiten. Wir hatten Glück, dass man uns in den Räumen der Kultusverwaltung behielt, wir mussten da saubermachen, die Toiletten reinigen und ähnliches. Damals arbeitete die Gemeinde schon unter Aufsicht der Gestapo, sie war in ihren Entscheidungen und Maßnahmen längst nicht mehr frei.

Und dort trafen wir zu unserer Freude Sylvia Wagenberg wieder, unsere zwei Jahre ältere Freundin aus der Fehrbelliner Straße, mit der wir auch im Chor der Synagoge gesungen hatten. Sylvia, die so schön Flöte spielen konnte. Sie war auch nicht bei den anderen geblieben, sondern, als das Heim aufgelöst werden sollte, zu ihrem Vormund gekommen, einer Pädagogin namens Gertrud Feiertag, bei der sie jetzt lebte, in der Charlottenburger Droysenstraße. Sylvia hatte eine besonders traurige Aufgabe zugewiesen bekommen. Sie musste Briefe der Gemeinde austragen, die Aufforderung, sich zur Deportation einzufinden, auch die Listen, wie man damals sagte.

Das waren Fragebögen, in denen bis ins Einzelne der ganze Besitz aufgeführt werden musste, jeder wusste, dass diese Listen die Abholung ankündigten. Später hat man die Leute ohne Ankündigung abgeholt, weil manche durch den Erhalt der Listen gewarnt wurden, sich der Deportation entzogen und ›U-Boote‹ wurden, wie man das in Berlin damals nannte. Später wurden die Listen im Sammellager ausgefüllt, aber im Verlauf des Jahres 1942 brachte man sie noch nach Hause. Und die noch nicht 14-jährige Sylvia war diese Unglücksbotin, sie bekam dafür eine Sondererlaubnis, die U-Bahn und die Straßenbahn zu benutzen, das durften wir ja schon nicht mehr. Sie verstand ganz genau, was ihre Briefe bedeuteten. Sie war ohnehin ein sehr kluges, begabtes Mädchen. Ich möchte hier mehr über sie erzählen, denn Sylvia und ihre Schwester Clara Wagenberg sind auf vielfältige Weise mit uns Zwillingsschwestern verbunden, es gibt so vieles Gemeinsames. Wir waren ein Leben lang befreundet. Als sie 2003 in ihrer Wohnung in Rechovot an Krebs starb, war ich bei ihr. In den Wochen zuvor hatte sie mir ihre Geschichte diktiert. Vieles wusste ich ja, manches hatte ich miterlebt, aber einiges hörte ich zum ersten Mal.

Sylvia und die fünf Jahre ältere Carla waren Scheidungskinder. Ihr Vater, der in Dessau einen Laden besessen hatte, wurde schon 1932 von Nazischlägern überfallen, nach dem Boykott von 1933 musste er den Laden aufgeben und emigrierte schließlich nach Palästina. Die Mutter versuchte in Dessau vergeblich, sich eine Existenz als Wohnungsmaklerin zu schaffen, als Jüdin wurde sie überwacht und denunziert, man beschuldigte sie, ihre Haare blond zu färben, um als ›Arierin‹ zu gelten, man verdächtigte sie der ›Rassenschande‹ und verbot ihr das Gewerbe. Etwa 1937 ging sie mit den Kindern nach Berlin, um diesem antisemitischen Milieu zu entfliehen. Die Kinder brachte sie bald darauf nach Caputh in das Jüdische Kinder- und Landschulheim. Dieses idyllisch am Schwielowsee gelegene Heim hatte die Reformpädagogin Gertrud Feiertag 1931 gegründet. Die 1890 geborene, studierte Sozialarbeiterin hatte viele Erfahrungen in Kinderheimen und in der jüdischen Sozial- und Frauenarbeit, sie wollte ein Heim, in dem die Kinder frei nach modernen Grundsätzen, in enger Verbindung zur Natur zu verantwortungsvollen, sozialen Menschen erzogen werden sollten. Zunächst sah es so aus, als ob das abseits von Berlin und Potsdam gelegene Heim seine Arbeit auch in der Nazizeit fortführen konnte. Aber nach den Nürnberger Gesetzen brachten immer mehr Eltern, wie auch Sylvias und Carlas Mutter Lia Wagenberg, ihre Kinder aus Not in das Heim, weil die Erwerbsarbeit ihnen keine Zeit für ein Familienleben ließ oder weil sie emigrieren mussten. In Caputh arbeiteten neben Gertrud Feiertag ausgesuchte, hervorragende Pädagogen, der letzte Heimleiter hieß Ernst Ising und war ein bedeutender Mathematiker und Physiker, der später in den USA hoch geehrt wurde. Die Kinder kamen meist aus der bedrängten jüdischen Mittelschicht.

Das Heim in Caputh war bald überfüllt und man mietete Häuser in der Umgebung an, auch Albert Einsteins ehemaliges Sommerhaus. Statt 35 Kindern bot das Heim nun mehr als 80 Mädchen und Jungen eine Zuflucht. Trotzdem fühlten Sylvia und Carla sich dort sehr wohl. Aber der antisemitische Bürgermeister von Caputh und Nazis aus der Nachbarschaft legten Gertrud Feiertag und ihrem Schulleiter Steine in den Weg, wo sie konnten. Schon vor dem November 1938 gab es immer wieder Schikanen und Übergriffe gegen das Heim. Am 10. November 1938 wurde das Heim in den Vormittagsstunden brutal überfallen, mit Äxten drangen Uniformierte in Gertrud Feiertags Zimmer ein, gingen auf die Möbel los, schlugen alles kurz und klein. Auch in den anderen Räumen zerschlugen sie die Fensterscheiben, die Lampen, wie im Rausch zerstörten sie alles, was ihnen vor die Augen kam. Gertrud Feiertag stellte sich ihnen mutig entgegen, konnte aber nichts ausrichten. Im Gegenteil, eine Schulklasse aus Caputh erschien und beteiligte sich mit ihren Lehrern an der Zerstörungsorgie. Man warf Möbel, Bücher, Musikinstrumente in den Garten, in den See. Sylvia erinnerte sich ihr Leben lang an das wie ein schlechter Traum wirkende Bild eines auf dem Wasser treibenden Klaviers. Die zu Tode erschrockenen Heimkinder wurden von Ernst Ising und den anderen Erziehern im Park gesammelt und schließlich weggeführt. Die Erzieher brachten sie in kleinen Gruppen zu ihren eigenen Familien, in Wohnungen von Freunden. Noch zwei Monate lang kehrten die jüdischen Lehrer und Erzieher täglich zurück in das demolierte Heim, räumten auf, bargen Papiere und Wäschestücke, klaubten den Besitz der Kinder aus den mit Essensresten verklebten, stinkenden Trümmern, vergruben den Rest im Garten. Dort zu übernachten, wagten sie nicht. Wenn die Wäschestücke gezeichnet waren, wenn in den Büchern eine Widmung stand, brachten sie sie den Kindern, denen sie gehörten, zurück. Aber das war das Ende des Jüdischen Landschulheims.

Sylvia hat mir erzählt, wie sie in Berlin zur Fasanenstraße lief, wo ihre Mutter wohnte: »Ich hatte große Angst, ich war doch erst zehn Jahre alt.« Auch hier hatte die Synagoge gebrannt, auch hier lagen Scherben auf den Straßen, auch hier hatte der Mob gewütet. Stundenlang saß sie dann allein auf den Treppenstufen vor der Wohnung ihrer Mutter, bis die spätabends nach Hause kam. Lia Wagenberg musste ihren Töchtern neue Sachen kaufen, weil alles in Caputh geblieben war, und Sylvia erinnerte sich immer an die Freude, die sie trotz der eben überstandenen Ängste über ein dunkelblaues Taftkleid mit weißem Kragen empfand. Als sie mir davon erzählte, verstand ich sie so gut, auch in unserem Leben lagen großer Schmerz und Freude über kleine, alltägliche Dinge dicht beieinander. Bis Anfang 1939 blieben die Schwestern bei ihrer Mutter, die sie dann ins Kinderheim Fehrbelliner Straße brachte, wo wir uns ein Jahr später begegneten.

Als ich Sylvia kennenlernte, war ihre Mutter bereits nach England emigriert, wahrscheinlich wollte sie dort Fuß fassen, um ihre Töchter nachzuholen, aber wie bei vielen machte der Kriegsbeginn einen Strich durch die Rechnung. Carla ging ja bald danach zur ›Hachscharah‹ wie unser Bruder Benno. Als diese Lager im Juni 1941 dem Reichssicherheitshauptamt unterstellt und zusammengelegt wurden, kam sie wie auch Benno ins ›Landwerk‹ Neuendorf bei Fürstenwalde. Sylvia, die mit uns im selben Zimmer schlief, fühlte sich damals von allen verlassen. Wir kannten dieses Gefühl, auch das hat uns verbunden. Und nun begegneten wir uns in der Oranienburger Straße wieder. Frau Feiertag, ihr Vormund, arbeitete für jüdische Hilfsorganisationen. Sie hatte, als das noch möglich war, mehrere ›Kindertransporte‹ nach Großbritannien begleitet. Sie hätte dort bleiben können, sie hätte ihr Leben retten können. Aber sie kam immer zurück, in Berlin wurde sie gebraucht, nicht zuletzt von ihrem Mündel Sylvia Wagenberg. Als unser Heim aufgelöst werden sollte, erfuhr Gertrud Feiertag natürlich davon und holte Sylvia zu sich. Wahrscheinlich wusste sie, dass die Deportation der Heimkinder bevorstand, und wahrscheinlich wusste sie auch, was das bedeutet. Jeden Morgen ging unsere Freundin nun mit ihrem Vormund in die Oranienburger Straße und teilte von dort aus die Deportationsbefehle in ganz Berlin aus, »um ihr Dasein zu rechtfertigen«, wie sie es später nannte. Heute stockt einem der Atem, wenn man sich das vorstellt. Ein Kind muss sein Dasein rechtfertigen, unter Beweis stellen, dass es verdient hat zu leben. In der Oranienburger Straße arbeitete auch ein anderes, etwas älteres Mädchen, das unsere Mitschülerin an der Jüdischen Mädchenschule gewesen war, Inge Levin. Sie war dort Küchenhilfe, auch sie hat überlebt, ich glaube, sie stammte aus einer sogenannten Mischehe. Auch ein paar Jungen in unserem Alter waren in der Oranienburger Straße zur Arbeit eingesetzt und manchmal gab es inmitten des Chaos sogar einen Anflug von Fröhlichkeit, wenn wir trotz allem herumalberten. Von den Freundinnen aus dem Heim waren noch Meta und Erika Haitner in Berlin. Das wussten wir aber damals nicht. Sie waren schon 14 und 15 Jahre alt und lebten, das geht aus ihren Transportlisten hervor, in der Marburger Straße 5. Dort gab es mehrere jüdische Sozialeinrichtungen, auch ein Kinderheim, in dem sie wohl als Helferinnen arbeiteten. Auch Fräulein Ida Bamberger, unsere frühere Heimleiterin, hat als letzte Adresse die Marburger Straße 5 angegeben. Seit dem 1. September 1942 hatte sie dort ein Zimmer. Nicht lange, der 23. ›Osttransport‹, mit dem sie deportiert wurden, verließ Berlin am 29. November 1942.

Wenn ich an diese Monate denke, so liegt vieles wie hinter einem Schleier. Ein Transport folgte dem anderen. Die Büros in der Gemeinde wurden immer leerer. Aber noch arbeiteten dort Menschen, wurden Akten geführt, wurden die Toiletten benutzt, die meine Schwester und ich zu reinigen hatten.

Wenn wir nach Hause kamen, zu den Schiers, erwartete uns die bedrückende Atmosphäre von Angst und Hoffnungslosigkeit. Wir waren, vielleicht auch durch die schlechte Ernährung, ohnehin meistens so erschöpft, dass wir froh waren, wenn wir unser Eisenbett aufstellen und schlafen konnten.

Fräulein Dr. Silbermann war dann plötzlich nicht mehr da. Wir hatten keinen Vormund mehr. Ich weiß nicht, ob ich über ihr Verschwinden nachdachte. Es war so alltäglich geworden, dass Menschen plötzlich verschwanden, sich auflösten, alles Vertraute löste sich auf. Wir glaubten immer noch an ein Ghetto, unter dem wir uns etwas Bedrohliches vorstellten. Doch unsere Phantasie reichte nicht an die Wirklichkeit heran, konnte sie gar nicht.

Heute weiß ich, dass Fräulein Dr. Silbermann sich am Morgen des 20. Oktober 1942 mit allen damals noch etwa tausend Gemeindeangestellten zu einem Appell in der Oranienburger Straße 31 einfinden musste. Sie mussten sich auf den Korridoren aufstellen, in den großen Sälen, im leergeräumten Repräsentantensaal, in Fünferreihen. Einige Gestapobeamte erschienen, angeführt vom SS-Sturmbannführer Günther, und erklärten, die Abteilungsleiter sollten 500 Angestellte aussuchen, die für die weitere Arbeit entbehrlich seien. Hildegard Henschel, die Frau des damaligen Vorsitzenden der Reichsvereinigung, hat 1946 darüber berichtet. Sie und andere Augenzeugen bezeugten, dass die Leiterin der Jugendfürsorge, Dora Silbermann, sich weigerte, diesem Ansinnen nachzukommen. Auch der Leiter der Winterhilfe und andere schlossen sich an. So bestimmte die Gestapo selbst durch Fingerzeig diejenigen, die abtransportiert werden sollten. 533 Mitarbeiter und 328 ihrer Familienangehörigen sollten in den nächsten Tagen »nach Osten« und nach Theresienstadt »abwandern«. Hildegard Henschel erinnerte sich: »Wer sich vorm Transport drücken würde, hätte das Leben eines Kollegen auf dem Gewissen, denn es würden Geiseln bestimmt werden, die man anstelle eines jeden, der nicht zum Transport erscheint, erschießen würde.« Tatsächlich meldeten sich 20 Personen nicht, einige hatten wohl Selbstmord verübt, andere waren unauffindbar. Und tatsächlich verhaftete die Gestapo an ihrer Stelle 20 andere, von denen am 20. November 1942 sieben oder acht in Sachsenhausen erschossen wurden, darunter der frühere Leiter des Palästinaamtes, Alfred Selbiger, und Dr. Fritz Lamm, dem wir, ohne ihn zu kennen, viel verdankten, denn er hatte das Vormundschaftswesen der Jüdischen Gemeinde aufgebaut. Fräulein Dora Silbermann ging auf Transport nach Auschwitz. Im Gedenkbuch steht, dass sie schon im November 1942 ermordet wurde.

War es eine Art Selbstschutz, dass wir von dem großen Gestapo-Appell gegen die Mitarbeiter der Jüdischen Gemeinde nichts mitbekamen? Hatte man uns Kinder an diesem Tag zu Hause gelassen? Fragten wir nicht, wo unser Vormund geblieben war? Warum die Büros sich immer mehr leerten? Vielleicht wussten wir die Antwort, vielleicht hatten wir uns das Fragen schon abgewöhnt und lebten nur von einem Tag zum anderen.

Noch an einen Erwachsenen erinnere ich mich, der sich uns väterlich zuwandte. Das war der Rechtsanwalt Dr. Bernhard Baruch, ein für mich älterer Herr. Durch seine nichtjüdische Frau war er etwas geschützt. Er hatte zwar seine Zulassung als Rechtsanwalt verloren, durfte sich nur noch ›Konsulent‹ nennen, doch er arbeitete für die Kultusvereinigung in einem der Büros in der Oranienburger Straße, die Ruth und ich säubern mussten. Er fragte uns nach unseren Namen und unterhielt sich mit uns. Ich weiß noch, dass er mich auf seiner Schreibmaschine schreiben ließ und mir die Fingerstellung beibrachte. Dieser Mann, zu dem ich Vertrauen fasste, sollte später noch sehr wichtig für mich werden.

Und noch eine Frau gab es, an die Ruth und ich immer mit Dankbarkeit denken. Das war Tante Grete, Margarete Reißig. Wir nannten sie Tante, weil wir sie von klein auf kannten, sie war eine Bekannte unserer Mutter gewesen und wohnte mit ihrem Mann Otto in der Mulackstraße, da wo unsere Familie gelebt hatte, bis wir Zwillinge etwa zwei Jahre alt waren. Als meine Mutter noch lebte, aber schon krank war, hat Tante Grete uns manchmal zum Spazierengehen abgeholt. Sie selbst hatte keine Kinder. Jetzt sah sie uns manchmal auf der Straße mit den Gelben Sternen und anders als die meisten Leute, die wegguckten, sprach sie uns an, wollte uns herzlich umarmen, sprach mit uns. Wir waren darüber erschrocken, denn sie brachte sich doch in Gefahr, wenn sie zu uns Kontakt hielt. Aber sie passte uns in der Mulackstraße oder der Rosenthaler Straße ab, wenn mir nachmittags aus der Oranienburger Straße kamen. »Mir wird niemand vorschreiben, ob ich mit meinen Püppchen sprechen darf.« Wir beeilten uns immer, wegzukommen, so verängstigt waren wir. Eines Tages klingelte es bei Familie Schier an der Tür und Tante Grete stand davor, fragte nach uns beiden. Frau Schier sagte erschrocken: »Frau Reißig, Sie dürfen uns nicht besuchen, gehen Sie weg, Sie bringen sich nur in Gefahr«, und wollte die Tür wieder zuknallen. Aber Tante Grete schob sich einfach in die Wohnung: »Ich bin in keiner Gefahr, lassen Sie mich rein.« Vor lauter Angst machte Frau Schier die Tür hinter ihr zu. Nun packte Tante Grete ihre Tasche aus, darin war feines Gemüse, das selbst für Christen knapp geworden war, Rotkohl und Blumenkohl, Obst und Schokolade und alles, was sie auf ihre Karten hatte bekommen können. Das brachte sie zu uns angeschleppt, Frau Schier war ganz sprachlos, sagte dann nur: »Frau Reißig, Sie müssen gehen.« Tante Grete umarmte uns Zwillinge und dann ging sie wieder. Ich werde sie niemals vergessen. Nach dem Krieg haben wir gehört, sie habe auf der Straße gestanden und gerufen, man müsse diesen Hitler töten. An Ort und Stelle ist sie verhaftet worden und nach Wittenau zu den Geisteskranken gebracht worden. Sie ist nicht zurückgekommen, man hat sie dort mit den Patienten umgebracht.

Solche Menschen gab es auch, für sie gibt es keine Denkmäler, aber man soll davon wissen, deswegen erzähle ich hier von Grete Reißig, der Freundin unserer Eltern. Man kann sagen, dass solche Alltagshelden leider nicht viel bewirken konnten, den Mord an jüdischen Menschen konnten sie nicht verhindern, Hitler nicht beseitigen, die Diktatur nicht abschaffen, aber sie waren mutig und sie machten Mut und ohne solche Beispiele wäre das Leben noch unerträglicher gewesen.

Einmal übernachteten meine Schwester und ich sogar bei Tante Grete. Unsere Pflegemutter hatte befürchtet, dass wir an einem bestimmten Tag alle abgeholt werden würden, die ganze Dragonerstraße – alle, die noch da waren. Es gab ja die ganze Zeit über dieses Gemunkel. Und ringsherum wurden die jüdischen Menschen deportiert. Man war immer in Erwartung des Schlimmsten, war auf alles vorbereitet. Wir wussten ja, dass wir in der Falle saßen, es war Krieg, wie sollten wir denn flüchten. Doch Frau Schier sagte uns, sie würde die Nacht über ins Krankenhaus gehen, ihr Mann arbeitete ja sowieso dort und wir, forderte sie uns auf, sollten zu den Verwandten unserer Mutter gehen, um dort zu übernachten. Das haben wir nicht getan, aber bei Tante Grete haben wir die Nacht verbracht. Doch als wir am Morgen zurückkamen in Schiers Wohnung, war sie nicht versiegelt, man hatte nicht versucht, uns alle abzuholen. Diesmal noch nicht.

## IM SAMMELLAGER

Anfang März 1943 klopfte es um fünf Uhr früh. Frau Schier öffnete, draußen standen zwei junge Männer. Meine Schwester erinnert sich an ihre Stiefel, die man schon auf der Treppe gehört hatte. Ich erinnere mich nur an das, was sie sagten: »Frau Schier, machen Sie sich alle fertig, ziehen Sie sich an. Was Sie am Körper tragen, bleibt Ihnen. Eine kleine Tasche können Sie mitnehmen. Versuchen Sie nicht zu flüchten, das Haus ist von Polizei umstellt.« Unsere Pflegemutter gab uns also zwei Hemdchen, zwei Paar Strümpfe. Wir waren ganz dick eingemummelt, konnten uns kaum bewegen, wie kleine Bären sahen wir aus, weil wir dachten, das Zeug dürfte man behalten. Aber sogar das war eine Lüge, die Wahrheit war ja, dass man am Ende nackt dastand, auch das Gepäck war nur zum Schein erlaubt, am Ende musste man es abgeben, alles. Durch diese Lügen sollte man beruhigt werden, damit man ohne Widerstand mitgeht, damit man glaubt, man kommt an einen Ort, wo man die Sachen noch gebrauchen kann, wo man irgendwie leben kann. Wir zogen uns also an, auch Frau Schier und ihr Mann, sie nahmen das Täschchen, wir gingen auf die Straße.

Das habe ich erlebt, aber ich kann es selbst kaum glauben, dass es so war. Wenn ich mir vorstelle, man holt mich morgen hier aus meinem Heim, Gott behüte; alles, was man sich in Jahrzehnten angeschafft hat, jeder Gegenstand, jedes Buch, jedes Bild bleibt zurück, alles was man gehegt und gepflegt hat, alle Erinnerungen, also man nimmt seine Kinder und geht ins Ungewisse, in eine Welt, deren Grausamkeit man sich nicht vorstellen kann, und das ist dann das Ende des Lebens ...

Wenn ein Mensch einen anderen ermordet, kommt er ins Gefängnis. Aber hier sind Millionen ermordet, aus ihren Häusern geholt worden, vor aller Augen. Nicht alle, die dabei waren, sind Mörder, aber die, die zuständig waren, denen ist nichts passiert, die sind nach Argentinien abgehauen oder haben in Deutschland weiter in ihren Büros gesessen, im Öffentlichen Dienst, im Gericht sogar, die haben ihre Arbeit getan, als sei nichts gewesen. Das habe ich nicht verstanden. Ich war vierzehneinhalb, als ich befreit worden bin, meinen 18. Geburtstag habe ich schon hier in Israel gefeiert, ich wollte nicht länger in Deutschland bleiben, das Geschehene war mir unbegreiflich. Und noch unbegreiflicher war, dass es die meisten Deutschen anscheinend gar nicht mehr bewegte. Sie lebten einfach so weiter. Viele sagten, sie hätten nichts gesehen, nichts gewusst.

Die Straße vor dem Haus war voller Menschen, die den Judenstern trugen und in Fünfer- oder Viererreihen die ganze Breite der Dragonerstraße einnahmen, an den Seiten stand SS-Bewachung. Vielleicht auch

Polizei, jedenfalls bewaffnete Männer. Und wir mussten uns einreihen und dann ging die Kolonne Schritt für Schritt vorwärts, vor jedem Haus stockte der Zug und andere Leute wurden aus den Häusern geholt: Familien, Alte, Junge, Kinder mit ihren Bündeln, manche weinten, aber die meisten waren gefasst und wie betäubt. Hier wohnten ja sehr viele jüdische Menschen. So kamen wir durch die ganze Dragonerstraße, durch die Neue Schönhauser, die Rosenthaler, über den Hackeschen Markt in die Oranienburger und dann rechts rein in die Große Hamburger Straße. Es gab Zuschauer, manche lachten beifällig oder guckten nur neugierig, anderen sah man an, dass sie empört und entsetzt waren. Schließlich kamen wir zum Jüdischen Altersheim vor dem Friedhof und zur Mittelschule daneben, in der auch Sylvia gelernt hatte. Hier war nun ein Sammellager der Gestapo. Wir kamen in das Gebäude, man wies uns gruppenweise leere Zimmer zu, es gab keine Stühle oder Schlafmöglichkeiten, nichts. Wir saßen und lagen direkt auf dem Fußboden, Familien mit Babys und Kleinkindern, alte Leute, alles durcheinander. Zuerst war es ganz still, als ob man gar nicht verstand, was da mit einem passierte. Alle standen unter Schock. Hinter dem Haus war der alte Friedhof mit dem Grab von Moses Mendelssohn. Vor den Fenstern waren Gitter, es war ein richtiges Gefängnis geworden. Langsam begriff man, dass man nicht mehr frei war, es gab lediglich eine Toilette für alle, Kinder schrien, Aufregung griff um sich. Meine Schwester und ich kannten nur das Ehepaar Schier. Zwei Tage lagen wir dort mit ihnen auf diesen Fußböden. Dann kam ein Ordner oder Gestapobeamter und suchte Herrn Schier, der mitkommen musste, weil er in der Iranischen Straße im Jüdischen Krankenhaus gebraucht wurde.

Seine Frau durfte mit ihm gehen und so lagen meine Schwester und ich jetzt mutterseelenallein zwischen den fremden Menschen. Wir weinten, aber die Leute standen rings um uns herum und trösteten uns, sie würden uns nicht im Stich lassen, sie würden bei uns sein, für uns sorgen, mit uns teilen, was auch geschieht. Langsam beruhigten wir uns und lebten oder besser vegetierten dann noch einige Tage mit den Leuten, die wie wir festgehalten wurden, bis der nächste Transport abgefertigt werden konnte. Die hygienischen Verhältnisse waren schlimm, aber es gab das Nötigste zu essen und zu trinken, eine gewisse Stumpfheit breitete sich aus. Meine Schwester hat sich später erinnert: »Am Abend stand ich am Fenster und schaute raus und dachte: Jetzt sind wir gefangen. Ich werde nie wieder den Wald oder einen See sehen, nie wieder die Bäume, nie wieder die Blumen.«

Manchmal wurde die Tür aufgeschlossen, man holte oder brachte jemanden. Es war ein Kommen und Gehen. Plötzlich war da auch unsere zwei Jahre ältere Schulkameradin Inge Levin mit ihren Eltern. Inge hatte auch in der Oranienburger Straße gearbeitet. Wir waren froh, mit einer Freundin zusammen zu sein. Aber am nächsten Tag hieß es plötzlich, die Familie Levin kann wieder gehen. Ihr Vater wurde wohl irgendwo noch gebraucht oder sie konnten nachweisen, dass es eine ›Mischehe‹ war. Da tat meine Schwester Ruth etwas, wovon ich nichts wusste. Sie gab Inge einen Zettel mit, ein Briefchen für unsere Tante, die gleich um die Ecke wohnte. Sie bat Inge, diesen Brief einzustecken. Darin schrieb sie, dass wir in der Großen Hamburger Straße wären, dass wir bald wegkämen und dass wir von dem Ort, an den wir kommen würden, schreiben würden.

Sie war gar nicht sicher, ob dieser Brief ankommen würde, eine Briefmarke hatte sie ja nicht, und es war nicht ungefährlich, die Botschaft persönlich zu überbringen, schließlich trug auch Inge den Stern, außerdem wusste Ruth nicht, ob Inge überhaupt dazu kommen würde.

Levins gingen und ganz plötzlich erschienen Herr und Frau Schier wieder in dem vollgepferchten Raum. Wir freuten uns so sehr, wir hatten ja nur noch sie. Es stellte sich heraus, dass er mit seinem Judenstern täglich in die Iranische Straße laufen musste, das ist ein weiter Weg. Und er wurde mehrmals angehalten von Spitzeln, die im Auftrag der Gestapo untergetauchte Juden dingfest machen sollten. Er hielt es nicht mehr aus, so gebrandmarkt durch die Straßen zu gehen und immer auf die nächste Abholung zu warten, die ganz sicher kommen würde, denn Berlin sollte »judenfrei« werden. So beschloss er mit seiner Frau, sich freiwillig wieder zu melden. Vielleicht war es auch ein bisschen unseretwegen, aus Verantwortung für uns, so würden wir gemeinsam wegkommen, glaubten sie.

Das alles erzählten sie uns. Es war eine Qual für ihn gewesen da draußen. Und sie wussten ja, dass niemand übrig bleiben sollte. Sie waren nicht die einzigen, die sich freiwillig meldeten, manchmal kamen erwachsene Kinder, die mit ihrer Mutter auf denselben Transport gehen wollten, Verwandte wollten zusammen bleiben. Jeder wusste ja, dass er sowieso bald dran war. Immer noch glaubte man, man käme in eine Art Ghetto, in dem man zwar schwer arbeiten müsste, aber doch irgendwie überleben könnte.

Es ist unbegreiflich, aber wir waren beinahe glücklich, wieder mit den Schiers zusammen zu sein. Sie waren ja unsere Bezugspersonen geworden, bei denen wir eine Art Halt fanden. Sie kamen also in denselben überfüllten Raum zurück wie vorher, wir drängten uns eben noch ein bisschen mehr zusammen und warteten auf die Aufforderung zum Transport.

Schließlich wurden wir geholt und unter Bewachung in die Auguststraße 14 gebracht, das war ja gleich um die Ecke. Dort, im Gebäude des ehemaligen Kinderheims *Ahawah* war auch eine Gestaposammelstelle. Alles war voller Menschen, wir trafen die Eltern und drei Schwestern unserer Mitschülerin Erika Hecht. Mit Erika waren wir in der Jüdischen Mädchenschule vier Jahre lang in einer Klasse gewesen. Ihr Vater war Kantor, er hatte im Ersten Weltkrieg ein Bein verloren, sie wohnten in der Oranienburger Straße. Dort in der Auguststraße trafen wir uns ein letztes Mal. Man registrierte uns, schrieb uns in irgendwelche Listen, sagte, dass wir nach Theresienstadt kämen. Ich glaube, wir erfuhren sogar unsere Transportnummer. Dann wurden wir unter Bewachung zu Fuß wieder in die Große Hamburger Straße zurückgebracht, in unser altes Zimmer, mussten warten wie Vieh auf dem Schlachthof, bis es dran ist.

Unsere Pflegeeltern waren gerade zwei Tage wieder bei uns, da rief man Ruth und Regina Anders auf, wir sollten sofort ins Büro der Gestapo kommen. Natürlich haben wir uns erschrocken und waren voller Angst, als wir dem Ordner folgten. Richtig verabschiedet haben wir uns nicht von den Leuten in unserem Raum, auch nicht von dem Ehepaar Schier. Und als wir das Büro betraten, sahen wir da in der Mitte des Raumes unseren Onkel Robert stehen. Ein großer, stattlicher Mann. Wir sprangen auf ihn zu, umarmten ihn, er hielt uns fest und sagte zu den Gestapomännern im Raum, es waren etwa drei: »Sie sehen, das sind meine Nichten. Sie heißen Ruth und Regina Anders und ich bin Robert Anders. Ihre verstorbene Mutter war meine Schwester und ihren Vater kennen die Mädchen gar nicht.« An dieser Stelle gab er uns ein Zeichen. »Hier muss ein Irrtum vorliegen«, fuhr er fort, »Die haben zwar bei Juden gewohnt, sind aber selbst nicht jüdisch. Die gehören doch zu meiner Familie.« Er trug eine Soldatenuniform, war damals gerade auf Urlaub in Berlin. Die Gestapoleute stellten sich zusammen, besprachen die Angelegenheit. Wir hingen immer noch an unserem Onkel, ließen ihn nicht los und er drückte uns an sich. Nach einigem Hin und Her beschlossen die Gestapomänner, dass er uns mitnehmen könnte. Man würde die Angelegenheit überprüfen. Wir sollten uns einen Monat später in der Burgstraße im Judenreferat der Gestapo melden. Zum Schluss sagte einer der Männer noch zu meinem Onkel, er solle uns auf der Straße besser den Judenstern abmachen.

Wir sind dann mit meinem Onkel die Treppe heruntergegangen. In das Zimmer mit den Schiers und den anderen, die uns helfen wollten, sind wir gar nicht mehr gekommen, die haben wir nie wiedergesehen. Das ist auch etwas, was meiner Schwester und mir ein Leben lang auf der Seele brennt, dass wir uns nicht in menschlicher Weise verabschieden konnten von den Pflegeeltern und nicht von den anderen, die so gut zu uns gewesen waren, die während der Abwesenheit von Schiers versprochen hatten, uns zu behüten. Wir gingen einfach weg und sie erfuhren nicht, warum und wohin. Ein paar Tage später sind sie nach Theresienstadt gekommen und von da nach Auschwitz. Wir müssen immer wieder daran denken. Wenn wir mit ihnen gegangen wären, hätte dieser Mengele, der ja an Zwillingen seine Experimente machte, uns wahrscheinlich auch gequält und getötet. Oder wir wären gleich vergast worden. Es war ein Glück, dass wir gehen konnten. Aber wir hatten immer das Gefühl, unsere Schicksalsgefährten verlassen zu haben, ohne ein Wort des Abschieds. Dieses Zimmer im Sammellager war ihre letzte Station. Aber wir waren zwei zwölfjährige Kinder, wir waren ja nicht frei in unseren Entscheidungen und mussten froh sein, aus den Krallen der Gestapo losgekommen zu sein. Unten stand unsere Tante Mathilde, eine Schwester meiner Mutter. Onkel Robert zog uns in den nächsten Hauseingang und nestelte die Sterne von unserer Kleidung. Von da an haben wir den Judenstern nicht mehr getragen. Nicht sichtbar jedenfalls, nur innerlich fühlten wir uns weiter gezeichnet.

Wir waren wieder einmal gerettet, aber das haben wir gar nicht gleich begriffen. Inge Levin hatte Ruths Brief unseren Verwandten überbracht und ihnen gesagt: »Sie müssen etwas tun. Sie sind doch

Arier.« Frei fühlten wir uns nicht. Die Angst war uns schon so selbstverständlich geworden, natürlich hatten wir jetzt auch Angst, ohne den Stern durch die Straßen zu gehen. Wir wussten ja nicht, ob wir das wirklich durften, wir verstanden das alles kaum. Ich hatte gar keine Gefühle, ich wusste gar nicht, wie mir geschah. Ruth und ich wurden getrennt, sie ging zu unserer Oma in die Auguststraße und ich zu Tante Mathilde in die Linienstraße, die selbst zwei Kinder hatte, das jüngere war zwei Monate alt.

99-mal gestorben und einmal überlebt, diese Formulierung hat mich ins Herz getroffen. Gestorben sind wir auch mehrmals, mit all unseren Lieben, mit unseren Freundinnen, mit den Erzieherinnen, mit den Gefährten aus der Großen Hamburger Straße. Aber überlebt haben wir auch mehrmals. Als Fräulein Dr. Silbermann für uns die Pflegeeltern fand und wir nicht mit den anderen gehen mussten. Als wir die Große Hamburger Straße wieder verlassen konnten und den Stern abnahmen.

Das war im März 1943. Es muss April gewesen sein, als meine Tante erfuhr, dass auch Benno mit seinen ›Chawerim‹ aus Neuendorf in die Große Hamburger Straße kommen würde. Die ehemaligen ›Hachscharah‹-Lager, die ja längst Zwangsarbeiterlager waren, wurden aufgelöst und die Insassen sollten auch auf Transport gehen. Vielleicht hat Benno es den Verwandten geschrieben, ich weiß nicht, woher meine Tante davon erfuhr. Jedenfalls beschloss sie, in die Große Hamburger Straße zu gehen und Benno da rauszuholen, so wie Onkel Robert es bei uns Zwillingen geschafft hatte.

Aber bevor ich davon erzähle, möchte ich aus einem Bericht zitieren, den Anneliese Borinski, in Israel hieß sie Ora Aloni, 1970 gegeben hat. Sie war ›Madrichah‹ [Gruppenleiterin] des ›Hechaluz‹ in Neuendorf, eine Gefährtin und lebenslange ältere Freundin unseres Bruders. »In Berlin aussteigen! In Kolonnen antreten! Wir marschieren durch die Straßen, vor, neben, hinter uns: Bewachung. Die Berliner scheinen an Bilder dieser Art gewöhnt. Wir biegen in die Große Hamburger Straße ein. Und dann in das Haus, dessen große Tore sich öffnen, um sich hinter den letzten von uns wieder zu schließen. – Damit wir auch ganz sicher wissen: Wir sind jetzt ›inhaftiert‹. Wir steigen Treppen empor, an Korridoren vorbei, die mit Gittertüren abgeschlossen sind, hinter deren Stäben sich Menschengesichter pressen, die uns neugierig beobachten. – Es läuft einem ein bisschen kalt den Rücken hinunter.- Wir beziehen unsere Zimmer. Die Chewrah [Gruppe] wohnt in vier Räumen nebeneinander auf dem einen Flur. Wir sind am Freitagnachmittag angekommen, am Abend singen wir in allen Räumen: *Schir Hamaalot.* Seltsame Atmosphäre, die in diesem Haus herrscht. Mischung von hoffnungsloser Verzweiflung und ein wenig Sarkasmus, von einem letzten Auflodern des Lebenwollens, und einer Begierde, noch einmal alles auszukosten, was dieses Leben bieten konnte. Eine Art ›Zauberberg‹. Und dazwischen stehen jetzt wir, mit unserer vielleicht ein wenig zu bewusst zur Schau getragenen Kraft und Sicherheit und unserem Wohlgerüstet-Sein. Am Morgen machen wir unseren Appell auf dem Flur, die Kommandos schallen durchs Haus. Wir machen Frühsport, nachdem wir die Erlaubnis dazu von dem verantwortlichen SS-Chef bekommen haben (...)«

Unter diesen überzeugten jungen Zionisten war mein Bruder Benno. Meine Tante hat ihn in der Großen Hamburger Straße sogar sprechen können, aber er wollte mit seinen ›Chawerim‹ gehen, es kam für ihn gar nicht in Frage, nach einem anderen Weg zu suchen. Aber wer weiß, ob es diesen anderen Weg für ihn überhaupt gegeben hätte. Schließlich war er ohne Zweifel das eheliche Kind eines jüdischen Vaters. Ruths und mein Vater war zwar ebenso zweifellos jüdisch, er stand sogar auf unserer Geburtsurkunde, aber dadurch, dass meine Verwandten das abstritten und meine Eltern nicht verheiratet waren, hatten wir erst einmal eine Atempause. Die Gestapo hätte aber nur nach der Geburtsurkunde suchen müssen, schließlich habe ich sie nach dem Krieg auch gefunden.

Meine Tante stellte Ruth und mich in den gegenüberliegenden Hauseingang, wir sollten dort das Sammellager, dem wir ja selbst gerade entronnen waren, im Auge behalten und aufpassen, ob wir unseren Bruder sähen. Ich weiß noch, wie wir da standen, voller Angst, entdeckt zu werden und gleichzeitig voller Erwartung und Hoffnung, unseren lieben Bruder zu sehen. So zerrissen waren unsere Gefühle.

Nach einer Weile bemerkten wir ein Mädchen, das uns durchs Fenster da stehen sah und gestikulierte. Das war eine Kameradin unseres Bruders. Vielleicht hatte Benno ihr von seinen Zwillingsschwestern erzählt, vielleicht hatte meine Tante da schon mit Benno gesprochen und uns angekündigt. Wir winkten zurück und sie ging Benno holen. So sahen wir sein Gesicht hinter den Gittern. Aber, wie gesagt, er war nicht bereit, seine Gruppe zu verlassen. Mit ihnen ging er nach Auschwitz, mit ihnen lebte er nach der Befreiung im Kibbuz Buchenwald, den junge Überlebende aus den Lagern nach der Befreiung in der ehemaligen ›Hachscharah‹-Stätte Gehringshof bei Fulda gegründet hatten, mit ihnen ging er nach Israel, wo sie im Kibbuz gemeinsam lebten. Dieses Mädchen, das uns vom Fenster aus sah, hat auch überlebt, sie heißt Chana Engel und lebt hochbetagt mit ihrem Mann Leo im Kibbuz Netzer Sereni, so heißt der Kibbuz Buchenwald heute. Leo Engel war nicht nur auf der ›Hachschara‹ einer der besten Freunde meines Bruders Benno, sondern auch in Auschwitz.

In der Gruppe aus Neuendorf war auch Carla Wagenberg, Sylvias ältere Schwester. Als Frau Feiertag erfuhr, dass die jungen Leute aus Neuendorf zum Transport geholt worden waren, schlug sie Sylvia vor, freiwillig mit ihnen zu gehen. Es sei doch besser für sie, mit den jungen Menschen zusammen zu sein, als auf den eigenen Transport zusammen mit den älteren Gemeindeangestellten zu warten. Und Sylvia hing sehr an ihrer Schwester. So ging Sylvia auch in die Große Hamburger Straße, in ihr ehemaliges Schulhaus und von dort mit den anderen auf den 37. ›Osttransport‹ vom 19. April 1943. Mit Güterwagen wurden sie nach Auschwitz gebracht, dort aber wurde die Neuendorfer Gruppe auseinander gerissen. Das alles erfuhren wir erst nach der Befreiung. Und auch, dass Frau Feiertag mit den anderen Mitarbeitern der Kultusvereinigung einen Monat später, im Mai 1943, deportiert wurde. Sylvia hat sie in Auschwitz noch getroffen, aber der Bericht darüber gehört auch in die Nachkriegsgeschichte.

## ANGST UND BEFREIUNG

Nun war ich also bei meiner Tante, Ruth bei der Oma. Wir verließen kaum die Wohnung, aus Angst, jemand könnte uns als jüdisch identifizieren und anzeigen.

Zum angegebenen Termin mussten wir uns in der Burgstraße 28 in der Gestapoleitstelle im ›Judenreferat‹ melden. Unsere Verwandten hatten uns eingeschärft, dass wir sagen müssten, wir wüssten gar nicht, wer unser Vater sei, wir hätten ihn nie gesehen. Was das für uns bedeutete, kann man kaum ermessen. Wir hingen doch so an ihm, es verging kein Tag, an dem wir nicht mit Sehnsucht an ihn dachten. Ihn zu verleugnen, kam uns wie Verrat vor. Meine Tante hatte mit mir sogar am Abend zuvor das Vaterunser geübt, damit wir als christlich erzogene Kinder erscheinen könnten. Auch das kam uns wie Verrat vor. Mit Bangigkeit, Angst und äußerst angespannt sahen wir dem Termin in der Burgstraße entgegen.

Heute wird ja immer von der Gestapozentrale in der früheren Prinz-Albrecht-Straße gesprochen. Aber das Referat IV D I, die für ›Judenangelegenheiten‹ zuständige Abteilung, befand sich in der Burgstraße, im Verlauf des Jahres 1943 zog sie dann um in die Französische Straße 47, wo sie sich bis zum Schluss mit versteckten Juden und ihren Helfern befasste. Auch das ist wenig bekannt.

Es war kein langer Fußweg von den Wohnungen unserer Verwandten dorthin. Meine Tante kam mit, sie war damals zwar erst 29 Jahre alt, aber ein Nervenbündel. Natürlich lebte auch sie in unaufhörlicher Angst. Sie fürchtete, dass wir uns versprechen könnten, denn sie wusste ja, wie stark wir an unseren Vater gebunden waren. Das Auffliegen der Lüge wäre auch ihr Verderben gewesen. Als wir uns dem riesigen Gebäude näherten, sahen wir, wie SS-Leute drei oder vier Männer, die den Judenstern trugen, aus einem Auto stießen und zu dem Haus schleppten. Die Männer konnten kaum laufen, sie taumelten. Über ihre Gesichter lief Blut. Es war offensichtlich, dass man sie mit Schlägen so zugerichtet hatte. Wahrscheinlich hatten sie sich versteckt und man hatte sie gefasst. Ihren Anblick werde ich nie vergessen.

Wir waren ja ohnehin ganz eingeschüchtert, aber das eben Gesehene verursachte uns sofort Bauchkrämpfe. Meine Tante zeigte die Vorladung am Eingang und wir wurden in den zweiten oder dritten Stock geschickt. Vielleicht begleitete uns jemand, denn ich erinnere mich, dass hinter uns immer alle Türen abgeschlossen wurden. Dort oben war ein Büro mit Vorzimmer. Zuerst ging meine Tante allein hinein. Vor der Tür stand eine kleine Bank. Dann wurden meine Schwester und ich befragt, meine Tante musste draußen warten. Sie hatte uns ja eingeprägt, was wir zu sagen hatten. Mein Herz klopfte stark, doch ich versuchte, mich zusammenzureißen und ein ungerührtes Gesicht zu zeigen. Auch meine Schwester verhielt sich so. Ich hatte das Gefühl, meine Eingeweide drehten sich um, innerlich zitterte ich, aber äußerlich blieb ich ganz ruhig, wie meine

Schwester. Mir ist es bis heute unbegreiflich, wie es möglich ist, dass zwei zwölfjährige Mädchen sich so beherrschen und so lügen können. Es waren zwei Gestapomänner, die uns befragten, so zwischen 30 und 40 Jahre alt. Am Ende stellten sie sich im hinteren Teil des Zimmers ans Fenster und besprachen sich. Wir bekamen alles mit. Der eine war dafür, uns dazubehalten, der andere wollte noch weitere Erkundigungen einziehen. Am Ende wurde meiner Tante gesagt: »Nehmen Sie die Kinder vorläufig wieder mit. Wir werden weiter ermitteln.« Wir verzogen keine Miene. Die Tante bekam einen Zettel mit seiner Unterschrift und einem Stempel, damit konnten wir den Fahrstuhl benutzen und der Zettel wurde unten wieder abgegeben. Draußen atmeten wir durch. Wieder waren wir entronnen. Aber alle drei waren wir vollkommen erschöpft und seelisch und körperlich am Ende, als wir zu Hause ankamen.

Bis zur Befreiung lebten wir in Todesangst. Jedes Klopfen an der Tür ließ uns das Herz still stehen. Jeder amtliche Brief wurde zitternd gelesen. Wir wissen bis heute nicht, warum nichts weiter geschah. Ob man uns vergessen hatte? Sie hätten ja nur auf unsere Geburtsurkunde schauen müssen oder die ehemaligen Nachbarn befragen, um zu erfahren, wer unser Vater war.

Sie hatten so ein System, wenn nur der Vater Jude war, war man ›Mischling 1. Grades‹, wenn nur die Mutter jüdisch war, ›Mischling 2. Grades‹. Es zählte aber auch, ob man jüdisch erzogen worden und Mitglied der Gemeinde gewesen war. Und keiner wusste, ob die ›Mischlinge‹ wirklich geschützt waren, ob sie nicht morgen auch dran kämen.

Wir wussten von den ›Greifern‹, die auf die Jagd nach Juden gingen, in der Oranienburger Straße wurde schon 1942 vor ihnen gewarnt. Deshalb fürchteten wir uns auf die Straße zu gehen. Ich hatte Angst, man würde uns das Jüdische ansehen. Einmal war da eine Nachbarin in der Wohnung meiner Tante. Sie fragte, was ich da an der Hand hätte. »Das ist wohl eine Warze …«, sagte ich. Zu meinem Schrecken antwortete sie: »Wieso denkst Du, das könnte eine Warze sein? Das haben doch nur Juden.« Die Menschen waren so voller Vorurteile, so verhetzt, ich hatte vor allen Angst und versuchte, niemandem zu begegnen. Nur das kleine Kind meiner Tante, um das ich mich kümmerte, war mir ein Trost. Und Ruth. Aber wir waren zum ersten Mal getrennt und jede musste allein mit allem fertigwerden.

Als die Gestapoleitzentrale in der Burgstraße einen Volltreffer abbekam und das Haus ausbrannte, erfuhren wir es und schöpften etwas Hoffnung. Vielleicht waren auch unsere Akten verbrannt? Und tatsächlich meldeten sie sich nicht mehr. In die Französische Straße, wo sich das ›Judenreferat‹ jetzt befand, wurden wir nie vorgeladen.

Es war eine grauenhafte Zeit. Wir wussten, dass durch unsere bloße Existenz das Leben unserer Verwandten auf dem Spiel stand. Ruth bei der Oma wurde gut behandelt, aber ich möchte gar nichts über diese Zeit erzählen. Es war die schlimmste meines Lebens.

Ich will nur sagen, dass meine Tante eine couragierte Frau war, nach dem Krieg erfuhr ich, dass sie jüdischen Menschen, die in der Nähe versteckt waren, Essen gebracht hat. Die haben überlebt und meine Tante lehnte es nach dem Krieg ab, dafür geehrt zu werden. Aber sie war vollkommen überfordert mit meiner Anwesenheit, jeder meiner Atemzüge war zu viel und das ließ sie mich spüren.

Bei den Bombenangriffen blieb ich in der Wohnung. Ich wusste, dass es Razzien gab und dass man gerade in den Luftschutzkellern nach Untergetauchten suchte. Auf keinen Fall wollte ich ›Greifern‹ oder anderen Spitzeln auffallen. Wer weiß, ob wir noch einmal davonkommen würden. Aber bevor der Alarm aufgehoben wurde, wenn alle noch in den Luftschutzkellern saßen, rannte ich raus zur Auguststraße, an einstürzenden Mauern vorbei, an den brennenden Häusern, von denen die Balken herunterfielen, weil ich die Ungewissheit nicht aushielt, ob Ruth noch lebte.

Das Haus meiner Tante wurde nie getroffen, das Haus meiner Oma, in dem wir ja früher auch gelebt hatten, bekam jedoch eine Phosphorbombe ab und war verschwunden. Die Bewohner überlebten, Gott sei Dank.

Ich bin einmal gefragt worden, ob ich mehr Angst vor den Bombenangriffen oder vor der Gestapo hatte und muss sagen, die Angst vor der Gestapo war größer. Die Bombenangriffe waren schrecklich, aber ich wusste, dass sie dazu beitrugen, Deutschland zu besiegen und dass das Kriegsende unsere Befreiung bedeuten würde. Natürlich hätten die Bomben uns auch treffen können, aber ohnehin wollte ich in dieser Zeit lieber tot sein als lebendig. Nicht nur einmal wollte ich mir das Leben nehmen. Einmal wollte ich aus dem Fenster springen, wurde aber zurückgehalten.

Die einzige Hoffnung war der Verlauf des Krieges. Die deutsche Armee siegte nicht mehr, es war klar, dass die Russen näher kommen. Berlin wurde langsam zur Ruinenstadt.

Jetzt gab es viele Menschen, die ihr Heim und alle Ausweise verloren hatten, überall wohnten Ausgebombte. Wenn jemand gefragt hätte, hätte meine Tante gesagt, ich sei das Kind ihrer ausgebombten Schwester aus Köln.

Es war schon das Frühjahr 1945, als ich von meiner Tante zu einer Familie geschickt wurde, deren alten Vater ich pflegen sollte. Woher meine Tante die Leute kannte, weiß ich nicht mehr. Ich hatte zuvor nie von ihnen gehört. Sie wohnten in Heiligensee an der Havel in einer Villa und nahmen mich sehr freundlich auf. Dieser Wechsel aus der zerstörten Berliner Innenstadt, fort aus der Wohnung in der Linienstraße in diese großzügige Villa inmitten herrlicher Natur, war schon das Vorgefühl der näherrückenden Befreiung. Ich fühlte mich wie erlöst. Die Pflege des alten Mannes fiel mir nicht schwer, die Dankbarkeit seiner Familie tat mir gut und ich gab mir große Mühe, ihn liebevoll zu umsorgen. 14 Jahre war ich alt, aber durch die vorangegangenen Erlebnisse wahrscheinlich erwachsener als 14-Jährige in normalen Zeiten. Die Leute wussten natürlich nicht, dass ich ein jüdisches Mädchen war. Nach einigen Wochen hörte man vom anderen Ufer der Havel schon den Kanonendonner der Roten Armee. Tag und Nacht dröhnte der Kriegslärm, jeden Moment wurde das Erscheinen der Russen erwartet. Alle Menschen in meiner Umgebung hatten wahnsinnige Angst vor diesem Moment; verständlich, sie wussten ja, was die Deutschen in Russland getan hatten. Sie verließen kaum noch ihre Keller, in denen sie Schutz suchten, man fürchtete vor allem Vergewaltigungen und Plünderungen. Oben wurde gekämpft. Ich saß auch mit den anderen im Keller, als der Kanonenlärm plötzlich verstummte. Sie vermuteten, dass die Russen schon über die Havel gekommen wären und suchten jemanden, der bereit wäre, nach oben zu gehen und die Lage zu erkunden. Da sich keiner meldete, bot ich mich an. Ich hatte keine Angst vor den Russen, in meinen Augen waren sie Befreier. Als ich die Treppe hochkam, sah ich mitten im Garten einen Rotarmisten mit einem Gewehr im Anschlag. Er sollte wahrscheinlich nach Feinden suchen und dabei drehte er sich im Kreis, zum Glück sah er gerade nicht in meine Richtung. Mir schien, dass er selbst unter Hochspannung stand. Da lief ich die Treppe wieder hinunter und rief mit freudiger Stimme: »Die Russen sind da!« Es war der 22. April 1945. Nach einer Weile begab sich die Familie, deren Vater ich pflegte, vorsichtig in ihre Villa zurück. Dann gingen sie auf die Straße, um zu sehen, was sich dort tat. Da lagen in den Gärten und auf der Straße überall verletzte russische Soldaten, auch deutsche Soldaten und ein Franzose. Wir hoben die Verwundeten auf und trugen sie in die Villa, um sie erst einmal notdürftig zu versorgen. Alle Verwundeten wurden gleich behandelt. Plötzlich waren da Krankenschwestern und ein Arzt aus dem Ort, diese Privatvilla wurde zum provisorischen Lazarett. Aber wie sollten die Verwundeten ernährt werden? Ich ging los, um irgendwo in der Umgebung Lebensmittel zu besorgen. Auf der Straße traf ich Leute, die mir von Lebensmittellagern berichteten, deren Bewacher längst abgezogen waren. Früher durften Zivilisten da gar nicht hinein, aber jetzt waren diese Lager aufgebrochen und wurden geplündert. Jeder, auch ich, füllte seine Taschen. Als ich damit in der Villa ankam, war die Freude groß. Nun wurde ich noch einmal gekennzeichnet, diesmal auf eine menschliche, gute Art und Weise, ich bekam nämlich eine Rote-Kreuz-Binde, die ich über den Ärmel streifte. Mit diesem Kennzeichen konnte ich überallhin gehen, wurde durch jede Sperre gelassen. Meine Aufgabe war nun, Lebensmittel für das Lazarett zu beschaffen. So ging ich auch zur russischen Feldküche, die in Heiligensee stationiert war und brachte von dort große Mengen Reis und Fleisch, die mir der russische Koch großzügig gab. Mit Gesten hatte ich ihm klar gemacht, wofür ich das Essen brauchte, dass in dem Lazarett auch russische Soldaten lagen. Aber als ich abends wiederkam, fand ich diesen lieben Koch sturzbetrunken vor und sah zu, dass ich wegkam. Ein andermal traf ich auf der Suche nach Lebensmitteln mit meinem Rucksack einen Mann auf der Landstraße, der mir von einem erschossenen Pferd am nahen Waldesrand erzählte. In diese Richtung liefen schon viele Menschen mit Schüsseln und Eimern und ich hinterher. Als ich dort ankam, schnitt jemand mit einem scharfen Messer große Teile aus dem offenen Bauch des Pferdes heraus. So etwas hatte ich natürlich noch nie gesehen. Doch ich bat den Mann, mir sein Messer zu leihen. Ich weiß noch, wie erstaunt er war, dass ich mir das zutraute. Mit meiner Rote-Kreuz-Binde ließ man mich gewähren. Als ich dann mit dem vollen Rucksack und Taschen ins Lazarett zurückkam, war alles voller Blut, ich auch, und die Leute erschraken, weil sie glaubten, mir wäre etwas passiert. Da zeigte ich ihnen lachend das erbeutete Fleisch.

Ich half auch bei der Pflege der Verwundeten und hatte dadurch verschiedene Erlebnisse, schöne und traurige. Die jungen Russen waren 18 bis 20 Jahre alt, sie verstanden nur Russisch, so dass unsere Verständigung sehr schwierig war, aber irgendwie ging es schon. Diese jungen Soldaten waren so erschöpft, sie litten Schmerzen und ihr Leiden zerriss mir das Herz. Ich wusch und fütterte sie. Einer mit einem Kopfschuss starb in meinen Armen, das ist mir für immer in Erinnerung geblieben. Ich weinte um ihn und dachte an seine Eltern, die nun ihren Sohn verloren hatten. Ein anderer junger Soldat, den ich nie vergesse, war bei vollem Bewusstsein und nicht so schwer verwundet, zwischen uns entstand ein freundschaftlicher Kontakt. Er besaß ein schmutziges Taschentuch, das ich an mich nahm, um es zu waschen. Darin eingewickelt fand ich ein Foto seiner Eltern. Ich wusch das Taschentuch und sah ihn ein wenig später auf einer Trage liegen; ehe ich begriff, was vor sich ging, hatte man ihn schon aus dem Haus getragen. Erst da erfuhr ich, dass sämtliche Rotarmisten in ein russisches Lazarett überführt werden sollten. Sofort habe ich das noch nicht ganz trockene Taschentuch geholt, das Foto schnell wieder darin eingebunden und bin zu dem Soldaten gelaufen, um ihm das Taschentuch mit dem Foto unters Hemd zu stecken, damit es nicht verlorengeht. Er lächelte mich dankbar an und das war unser Abschied.

Ein anderes unvergessliches Erlebnis hatte ich mit einem ehemaligen französischen Kriegsgefangenen, der auch verwundet in diesem provisorischen Lazarett lag. Sein Zustand verschlechterte sich eines Abends und man musste dringend den Arzt holen, der bei sich zu Hause schlief. Das war gar nicht so einfach, denn keiner wagte, bei der herrschenden Ausgangssperre auf die Straße zu gehen. Ich meldete mich und rannte zum Arzt. Draußen war es still und dunkel, die Sterne funkelten am klaren Himmel.

Die Russen leuchteten mit kreisenden Scheinwerfern die Umgebung aus, niemand durfte ja draußen sein. Ich versuchte immer, dem Lichtstrahl auszuweichen und erreichte den Arzt, der auch sofort bereit war, mitzukommen, ungeachtet der Scheinwerfer. Es gelang ihm zu unser aller Erleichterung, den jungen Franzosen zu retten. Am nächsten Tag kamen die Kameraden des Kriegsgefangenen und bedankten sich bei uns. Sie waren, wie ich erfuhr, schon seit drei Jahren in Gefangenschaft und hatten in der Nähe arbeiten müssen. Am liebsten wollten sie sofort in ihre Heimat zurückkehren, aber sie sorgten sich um ihren Kameraden.

Ich erinnere mich, dass während dieser Tage ständig Kolonnen mit Pferdewagen durch Heiligensee fuhren, in Richtung Berlin, das war der Nachschub für die dort noch kämpfenden russischen Einheiten. Ein verantwortlicher Offizier begleitete die Kolonne auf dem Pferd. Als ich wieder einmal beladen mit Essbarem über die Landstraße ging, gab ich dem Offizier ein Zeichen, wies auf meine Rote-Kreuz-Binde und auf das schwere Gepäck hin und gab ihm zu verstehen, dass ich gern einen Platz auf einem der Wagen hätte, weil sie am Lazarett vorbeikommen würden. Zu meinem Erstaunen und zu meiner Freude hielt die Kolonne tatsächlich an und ein Soldat half mir auf einen Wagen.

Diese Fahrt wird mir ein Leben lang im Gedächtnis bleiben. Plötzlich zeigte ich mit dem Finger auf mich selbst und sagte: »Ich bin Jüdin.« Der Soldat lachte und sagte, dass auch er Jude sei. Wir freuten und umarmten uns. Es war das erste Mal nach Jahren, dass ich das jemandem anvertraute. In diesem Moment begriff ich, dass ich endlich frei bin, dass die Gestapo nicht mehr hinter mir her ist, dass ich überlebt habe. Innerlich war ich voller Jubel.

Ich hatte nur gute Erfahrungen mit den Soldaten der sowjetischen Armee. In Heiligensee taten sie keinem Zivilisten etwas, obwohl sie die Deutschen sicher nicht liebten. Sie sorgten dafür, dass alles funktioniert, sie erfüllten ihre Aufgaben, auf mich machte es einen tiefen Eindruck, wie sie sich der Bevölkerung gegenüber verhielten. Ich glaube, die Leute waren auch erstaunt. In Heiligensee wurde nicht mehr gekämpft, für die Einwohner dort war der Krieg endlich vorbei. Ich erinnere mich, wie die Soldaten von Kindern umringt waren, beide Seiten waren neugierig aufeinander. Mein Eindruck war, dass die Soldaten nach den langen Kämpfen auch etwas Menschliches tun wollten, sie verteilten Süßigkeiten und andere Lebensmittel an die deutschen Kinder. Ich sah ihre fröhlichen Gesichter. Diese entspannte Situation nach dem grausamen Krieg, es war unglaublich.

Es sprach sich herum, dass Hitler Selbstmord verübt und die Wehrmacht kapituliert hatte. Da beschloss ich, nicht sehr begeistert, nach Berlin zurückzukehren. Aber Ruths Schicksal und ebenso das unserer Verwandten lag mir am Herzen, die Ungewissheit beunruhigte mich. Es fiel mir nicht leicht, Abschied von Heiligensee zu nehmen, von den Menschen, mit denen ich die Befreiung erlebt hatte. Ja, nicht nur für mich war es eine Befreiung, auch die anderen waren vom Naziregime befreit worden, auch wenn es nicht allen gleich klar war. Hier hatte ich es sehr gut gehabt. Hier hatte ich seit langem wieder Anerkennung gefunden, hier war man dankbar für meine Hilfe, hier fühlte ich mich endlich wieder frei. Ich hatte viel von mir gegeben und das wurde erwidert und geschätzt. Man vertraute mir. Und ich war beeindruckt von der humanistischen Haltung des Villenbesitzers, der nicht gezögert hatte, in seinen privaten Räumen ein Lazarett einzurichten und damit Menschen das Leben zu retten. Wir nahmen herzlich Abschied voneinander, aber es kam nie zu einem Wiedersehen.

Ich lief stundenlang vom Stadtrand nach Berlin-Mitte, der öffentliche Verkehr funktionierte noch nicht. Über Tegel und Reinickendorf kam ich in die Innenstadt. Unterwegs ruhte ich mich auf Bänken aus, die für Juden nicht mehr verboten waren. Ringsherum Ruinen, Schutthaufen, Bombenkrater. Frauen hatten schon begonnen, die Straßen zu räumen. Als ich nach Mitte kam, fiel mir die wunderbare Stille auf. Kein Fliegeralarm, keine Bombenangriffe, nichts brannte. Und als ich auch meine Zwillingsschwester unversehrt wiederfand, wurde mir erst richtig bewusst, dass wir wieder überlebt hatten, diesmal endgültig. Trotz der jahrelangen Angst, jeden Moment von der Gestapo festgenommen zu werden, trotz der Bombardierungen, der Sirenen, der Feuersbrünste – wir hatten überlebt. Das war unfassbar. Damals wussten wir ja noch nicht, dass sechs Millionen europäische Juden ihr Leben verloren hatten, ermordet, gequält, vergast worden waren. Als wir es erfuhren, schien uns unser eigenes Überleben noch unglaublicher.

Für mich waren die Russen immer meine Befreier und eine große Zuneigung zu diesem Volk habe ich mir bis heute erhalten. Ich liebte die russischen Militärensembles, die Chöre, die in Berlin zwischen den Ruinen auftraten, und später las ich viel russische Literatur, Tolstoi und Dostojewskij.

## NEUANFANG

Als die Büros in der Oranienburger Straße wieder öffneten, gingen wir dorthin, das war unsere Gemeinde, da waren wir zu Hause, da waren unsere Leute. Wir waren so naiv, wir glaubten ja, jetzt kämen all unsere Freunde und unsere Erzieher, unsere Brüder, alle kämen wieder. Aber sehr bald erfuhren wir die Wahrheit, die wenigen Zurückgekommenen erzählten von den Lagern, den Gaskammern und ›Todesmärschen‹. Das war ein großer Schock, ein Schlag in die Seele. Keines von unseren Kinderheimkindern haben wir wiedergesehen und keine Erzieherin. Bis heute kann ich das nicht begreifen, es ist einfach nicht zu fassen. Diese lieben Kinder, sie wollten leben. Unsere Erzieherinnen. Sie fehlen mir, immer und überall. Das Wort Holocaust lässt mich noch immer erschauern. Wenn jemand in einem ganz harmlosen Zusammenhang das Wort *Selektion* benutzt, zucke ich zusammen. Ich kann es nicht gut ertragen, wenn der Platzanweiser im Kino die Leute nach rechts oder links dirigiert. An keinem Gottesdienst, egal wo, können meine Schwester und ich teilnehmen, ohne an die Neue Synagoge in der Oranienburger Straße zu denken, immer stehen die Menschen von dort neben uns. Wir versuchen, unsere Tränen zu verbergen, weil kaum einer sie verstehen kann.

In der Gemeinde arbeitete ein junger Mann, der eine Auschwitznummer auf dem Arm hatte, da wusste ich schon, was das bedeutet, und ich wusste, dass mein Bruder Benno mit seinen Kameraden nach Auschwitz gekommen war. Ich ging auf diesen jungen Mann zu, er hieß Günter Ruschin, und fragte ihn, ob er nicht meinem Bruder begegnet sei, Benno Rajfeld. »Ja, sicher!«, antwortete er. Er war mit unserem Bruder in Monowitz-Buna, das war Auschwitz III, sechs Kilometer von Auschwitz I, dem Stammlager, entfernt. In Monowitz waren riesige Industrieanlagen, sie haben im *Buna*-Werk der *IG Farben* arbeiten müssen. 11.000 überwiegend jüdische Häftlinge waren sie dort. Wenn sie nicht mehr arbeiten konnten, kamen sie nach Birkenau, Auschwitz II, in die Gaskammer. Aber Benno, erzählte Günter Ruschin, habe noch gelebt, als das Lager geräumt wurde. Doch auf dem ›Todesmarsch‹ sei er schon nicht mehr mit ihm zusammen gewesen. Dieser Bericht erfüllte uns mit großer Hoffnung, obwohl wir erfuhren, dass viele Tausende Menschen die ›Todesmärsche‹ nicht überlebten.

Meine Schwester und ich gingen immer wieder zur Jüdischen Gemeinde, dort gab es ein dickes Buch, darin wurden die Überlebenden registriert, wir fragten zweimal in der Woche nach, wer aufgetaucht war.

Einige wenige Bekannte trafen wir wieder, so den Rechtsanwalt Bernhard Baruch, der mich in der Zeit der Zwangsarbeit in der Oranienburger Straße auf seiner Schreibmaschine hatte schreiben lassen, um mich aufzumuntern, als es kaum noch Freuden gab. Seine nichtjüdische Frau hatte ihn nicht verlassen und so konnte er überleben. Wir umarmten uns lachend und weinend, er wollte wissen, wie wir am Leben geblieben waren, hörte mir zu und gab mir väterliche Ratschläge. Herr Baruch hatte als Rechtsanwalt der Gemeinde damals die Häuser in der Moltkestraße in Niederschönhausen zurückerstritten, in denen die Gemeinde schon seit 1915 ein Säuglingsheim unterhalten hatte. Die Säuglinge waren 1942 auch ins Auerbach'sche Waisenhaus und nach Auschwitz gebracht worden, in den Gebäuden befand sich bis 1945 ein Wehrmachtslazarett. Jetzt eröffnete die Gemeinde dort ein Zuhause für alte Menschen, die aus Theresienstadt zurückkamen und keine Familie mehr hatten, sowie für elternlose Kinder. Herr Baruch, der damals der Leiter dieser Heime war, tat etwas, was für mein ganzes Leben wichtig wurde: Er schlug mir vor, dort einzuziehen und bei der Pflege der kleinen Kinder zu helfen, um den Beruf der Kinderpflegerin zu erlernen. Ich wohnte ja wieder bei meiner Tante. Ruth lebte mit der Oma in einem Zimmer in der Bergstraße.

Obwohl es mich drängte, Herrn Baruchs Vorschlag zu folgen, trennte ich mich trotz allem nicht leicht von der Familie in der Linienstraße, meine Tante hatte mir immerhin das Überleben ermöglicht, sie brauchte meine Hilfe im Haushalt und ihr kleines Kind hing an mir. Immer noch konnte ich nicht begreifen, dass ich jetzt selbst für mich entscheiden konnte, dass ich machen durfte, was für mich gut war, dass ich niemandem gehorchen musste.

Aber schließlich wagte ich doch den Schritt in einen neuen Lebensabschnitt, nahm meine wenigen Sachen und zog um nach Niederschönhausen in die Moltkestraße. 1951, da waren wir schon nicht mehr in Berlin, hat man sie in Wilhelm-Wolff-Straße umbenannt. Für das Wohnen und Essen dort brauchte ich nichts zu bezahlen, das war natürlich ein Glück in meiner Lage. Eines der beiden Häuser war ein Altenheim für 38 Leute, die keine Familienangehörigen mehr hatten. In dem anderen, dem Kinderheim, lebten Kleinkinder und größere Kinder, auch Jugendliche in meinem Alter. Alle, ohne Ausnahme, hatten traumatische Erlebnisse hinter sich. Das Heim war armselig eingerichtet. Es gab nur kahle Wände und eiserne Bettgestelle, Schränke, die aus Kisten notdürftig zusammengezimmert waren und mit Decken verhängt wurden. Aber ich fühlte mich dort gleich sehr wohl, bekam in einem ziemlich großen Zimmer ein Bett zugewiesen und einen kleinen Nachttisch, der für meinen Besitz vollkommen ausreichte. Ich schob das Bett von der Wand weg und stellte den Nachttisch zwischen Wand und Bett, so entstand ein kleiner privater Raum. In dem Zimmer schliefen noch vier andere Mädchen im Alter von 14 bis 17 Jahren. Ich war fast 15. Zu meiner großen Freude war eine meiner Zimmergefährtinnen Erika Hecht, mit der ich in der Mädchenschule vier Jahre lang in einer Klasse gewesen war und die wir im März 1943 im Sammellager Auguststraße mit ihren Eltern und drei Schwestern getroffen hatten, kurz bevor sie deportiert wurden. Man kann sich das heute gar nicht mehr vorstellen, was es bedeutete, jemanden wiederzutreffen, der das alles überlebt hatte. Es war jedes Mal wie ein Wunder und ein Glück. Und jedes Mal endete die Wiederbegegnung in Trauer, wenn man sich an die erinnerte, die dieses Glück nicht hatten.

Erika lebt heute in New York, wir stehen in Verbindung, skypen manchmal miteinander. Ich will hier mehr über sie erzählen, denn auch ihre Geschichte gehört zu meinem Leben. Sie ist mit ihrer Familie mit eben dem Transport nach Theresienstadt gekommen, für den auch meine Schwester und ich vorgesehen waren. In Theresienstadt erkrankte die Mutter Karoline Hecht, eine füllige, mütterliche Frau. Erika schrieb damals Postkarten an die noch in Berlin lebenden Pisareks, die in der Oranienburger Straße ihre Wohnungsnachbarn gewesen waren. Unsere Freundin Ruth Pisarek war auch ihre Schulfreundin gewesen. Zwar musste sie den Stern tragen, aber wegen ihrer christlichen Mutter wurden sie, ihr Vater und ihr Bruder nicht deportiert. Obwohl Pisareks selbst Not litten, schickten sie Mehl, Grieß und Tütensuppen nach Theresienstadt zur Familie Hecht. Im November 1944 sind die damals 14-jährige Erika und ihre 24-jährige Schwester Ruth aus Theresienstadt nach Auschwitz gebracht worden. Die

22-jährige Eva war schon zwei Monate zuvor dorthin deportiert worden. Der Vater blieb mit der kranken Mutter und der ebenfalls kränklichen Jüngsten, der siebenjährigen Tanja, in Theresienstadt. Die Mutter Hecht erfuhr noch, dass die von Theresienstadt nach Auschwitz gebrachten Menschen dort in die Gaskammer kamen, da verschlechterte sich ihr Gesundheitszustand und sie starb. Erika hat mir erzählt, als sie in Auschwitz auf der Rampe stand, zusammen mit jüdischen Frauen aus den Niederlanden und Ungarn, eine Frau in Häftlingskleidung auf sie zu kam und fragte: »Wie alt bist Du?« »14 Jahre«, antwortete Erika. »Sag das keinem!«, riet die Frau ihr, »Du bist mindestens 16 Jahre alt.« So kam sie auf die Seite ihrer älteren Schwester Ruth. Die Älteren und die Kinder wurden sofort in die Gaskammern geschickt, die anderen, die Arbeitsfähigen, ins Lager. Erika und ihre Schwester wurden mit Viehwaggons nach Dresden gebracht, um dort in einer Munitionsfabrik zu arbeiten, da lebten sie auch wie KZ-Häftlinge in bewachten Baracken, sie haben sehr gehungert. Den großen Bombenangriff auf Dresden überlebten sie. Aber dann wurden sie in Viehwaggons zwei Wochen lang quer durch Deutschland gefahren, weil man nicht wusste, wohin mit diesen Häftlingen. Viele starben jetzt noch. Zuletzt landeten sie wieder in Theresienstadt. Dort wurden sie, zusammen mit ihrem Vater und Tanja, befreit und nach Berlin zurückgebracht. Eva haben sie nie wiedergesehen. Nach Jahren hat sich Tanja entschlossen, nach den Spuren ihrer verschollenen älteren Schwester zu suchen und fand Evas Namen auf einer Liste von Häftlingen des KZ Bergen-Belsen. Eva Hecht, die bei der Befreiung des Lagers an Typhus erkrankt war, gehörte zu den Häftlingen, die vom Schwedischen Roten Kreuz bei Kriegsende nach Schweden überführt wurden. Aber sie war nicht mehr zu retten und liegt heute auf einem schwedischen Friedhof. Ihre Schwestern haben das Grab besucht und Trost in dem Gedanken gesucht, dass Eva wenigstens die Befreiung erlebt hat und sie wie ein Mensch beigesetzt wurde. Herr Hecht hat das nicht mehr erfahren. Er war Kantor in der Synagoge Heidereuthergasse gewesen und wurde nach dem Krieg Kantor in der wiedereröffneten Synagoge Rykestraße, die auch Ruth und ich besuchten. Seine jüngeren Töchter Tanja und Erika brachte er ins Jüdische Kinderheim und da trafen wir uns.

Erikas Schwester Ruth hatte schon in Theresienstadt einen jungen Mithäftling kennengelernt, Hans Preis, mit dem sie 1945 nach Berlin zurückkehrte und den sie 1946 heiratete. Er hatte in Theresienstadt eine grauenhafte Arbeit ausführen müssen, die sich nur der Satan, der Nazisatan, ausdenken konnte. Er musste den Toten die Goldzähne ziehen.

Ruth Preis und ihr Mann wanderten bald in die USA aus, auch der Rest der Familie. Herr Hecht hat dort als Religionslehrer gearbeitet, meine Freundin Erika hat ihren Mann Max Mendelson dort kennengelernt. Er war auch aus Berlin, aber schon 1939 mit seiner Mutter nach Schanghai emigriert. Der Vater, Harry Mendelson, hatte zuvor einen Herzschlag erlitten, als sein Geschäft am 9. November 1938 von Nazis überfallen wurde.

Das ist in Kürze die Geschichte meiner Freundin Erika Hecht und ihrer Familie. Aber das alles erfuhr ich im Laufe der Jahre und Jahrzehnte. Damals redeten wir nicht viel über das, was hinter uns lag, wir hatten gar keine Worte dafür und wir wollten uns eine Zukunft aufbauen. Wir waren uns bewusst, dass das Leben ein Geschenk war, wir wollten es nutzen. Das Vergangene war sowieso immer dabei.

Wieder lebte ich also in einem Heim mit anderen Mädchen zusammen. Aber diese Lebensform tat mir gut, jede von uns hatte Schweres erlebt, so passten wir zusammen und gaben einander Trost. Es gab ein tiefes gegenseitiges Verständnis. Im Heim lernte ich auch Marlene Zodrow kennen, die mit zwei jüngeren Brüdern seit 1943 im Jüdischen Krankenhaus überlebt hatte. Dort gab es eine sogenannte Kinderunterkunft für jüdische Kinder, deren ›rassische Herkunft‹ ungeklärt war, weil entweder ihr Vater oder ihre Mutter ›arisch‹ war. Cordelia Edvardson, die Tochter der Schriftstellerin Elisabeth Langgässer, die vor ihrer Deportation nach Auschwitz auch dort war, nannte in einem ihrer Bücher über diese Zeit diese Unterkunft im Jüdischen Krankenhaus ein »Kinder-KZ«. Dort also hatten viele Kinder, die nach der Befreiung in unser Heim kamen, überlebt. Marlenes Mutter hatte man nach Ravensbrück gebracht, wo sie umkam. Zu ihrem Vater hatten die Kinder keinen Kontakt. Marlene wanderte dann auch mit ihren Brüdern nach Israel aus. Ich habe sie hier nach Jahren wiedergefunden und bis heute sind wir sehr befreundet. Ein anderes Mädchen, mit dem ich in der Moltkestraße lebte, war aus Danzig und hieß Helga Hartung. Ihre Geschichte kenne ich nicht. Dann war da noch Jutta Pakula, die auch an der Jüdischen Mädchenschule in unserer Klasse gewesen war. Ihre Mutter war Köchin im Heim, der Vater Theobald Pakula Hausmeister und die rechte Hand des Heimleiters für praktische und wirtschaftliche Angelegenheiten. Wie diese Familie die Nazizeit überlebt hat, weiß ich nicht, wahrscheinlich als Untergetauchte. Auch Pakulas wanderten in die USA aus.

Der Rechtsanwalt Bernhard Baruch, der in der Moltkestraße der erste Heimleiter gewesen war, wollte sich bald wieder seinem eigentlichen Beruf widmen und machte einem Pädagogen Platz, der ebenfalls Baruch hieß, sie waren aber, soviel ich weiß, nicht verwandt. Siegfried Baruch, 1901 geboren, war viele Jahre lang Lehrer und Erzieher an jüdischen Schulen und in Heimen gewesen, an der Schule Rykestraße, die meine Brüder besucht hatten, sogar der Klassenlehrer meines Bruders Benno. Auch am Jüdischen Waisenhaus in Pankow hat er gearbeitet. Theresienstadt und Auschwitz hat er überlebt, seine Frau hatte er dort verloren, und nun war er bei uns Heimleiter. Ich verehrte ihn sehr. Zwischen den Bewohnern des Heims herrschte ohnehin ein gutes, vertrautes Verhältnis, wir jungen Pflegerinnen lernten von den älteren Erzieherinnen und Kinderschwestern und alle versuchten, den Kindern die verlorenen Familien zu ersetzen. Über diese Kinder könnte man stundenlang berichten. Dabei wusste ich damals nicht viel von ihren Geschichten, aber dass sie alle etwas erlebt hatten, was keinem Kind geschehen sollte, dass sie gelitten, gehungert, gefroren hatten, dass ihnen die, die sie liebten, genommen worden waren, das wusste man und das sah man in ihren Augen und an ihrem Verhalten. Einige der Kinder waren direkt aus dem Jüdischen Krankenhaus Iranische Straße gekommen, andere aus Auschwitz oder Theresienstadt, manche hatten auch in irgendwelchen Verstecken notdürftig versorgt überlebt.

Zwei der Kinder von damals sind Schriftsteller geworden, einer hieß Georg Becker, der unter dem Namen Jurek Becker so bedeutende Bücher wie *Jakob, der Lügner* oder *Der Boxer* geschrieben hat. Mit seinen Eltern war er im Ghetto gewesen, dann mit seiner Mutter in Ravensbrück. Aber sie starb zum Kriegsende und Georg-Jurek kam nach der Befreiung zu uns. Sein Vater hat in einem anderen Lager überlebt und ihn bald zu sich geholt. Dieses Kind konnte sich an nichts erinnern und doch müssen die Erfahrungen in ihm gewesen sein, sonst hätte er später nicht so schreiben können. Der andere Junge, der in Israel ein wichtiger Schriftsteller wurde, ist David Schütz, der 1941 in Berlin geboren wurde und unter anderer Identität überlebte. Er ist der Autor von Büchern wie *Trilogie des Abschieds* und *Avischag*.

Wenn ich Fotos aus dem Heim sehe, so kann ich mich an fast jedes Kind erinnern, aber die meisten Namen habe ich vergessen. Nur einzelne Schicksale und Namen sind mir noch im Gedächtnis. Beispielsweise ein kleiner Junge, dessen Mutter zwei Jahre illegal gelebt hatte. Ende 1942 brachte sie viel zu früh im Jüdischen Krankenhaus den Sohn zur Welt, er wurde direkt aus dem Brutkasten nach Theresienstadt gebracht. Dort müssen sich gute Menschen um ihn gekümmert haben, denn die Mutter fand ihn wieder. Die Spur des Vaters verlor sich in Auschwitz. Dan hat erst mit drei Jahren bei uns laufen gelernt. Oder Erich Jacobson, er gehörte zu den Älteren, hatte Auschwitz und andere Lager überlebt. Seine Eltern und Geschwister wurden ermordet.

Auch an die kleine Yvonne Meissl erinnere ich mich gut. Sie war das 1945 geborene Kind der berüchtigten Stella Kübler-Goldschlag, die als junges jüdisches Mädchen in die Fänge der Gestapo geriet, floh, wieder gefasst und schwer gefoltert wurde. Um sich und ihre Eltern zu retten, hatte sie sich bereit erklärt, als ›Greiferin‹ andere Verfolgte aufzuspüren und auszuliefern. Die Eltern wurden dennoch deportiert, aber Stella hatte ihr Gewissen verloren. Ich war zufällig Zeuge, wie sie nach dem Krieg gefasst wurde. Sie war mit ihrem Kinderwagen in die Oranienburger Straße gekommen, wohl um sich als Jüdin eine Bescheinigung für Lebensmittelkarten zu holen. Ich war am selben Tag in die Oranienburger Straße gefahren, um mich wieder einmal nach Überlebenden zu erkundigen. Als ich die Treppe hochkam, war da ein großer Tumult. Man hatte Stella erkannt und ihr die Haare geschoren. Der Mitarbeiter der Gemeinde Günter Ruschin und andere versuchten vergeblich, die wütende Menge zu beruhigen. Stella saß dann zehn Jahre lang im Zuchthaus. Ihre kleine Tochter Yvonne kam zu uns.

Eine der Pflegerinnen, Sophie Stern, die von einem Lager ins andere geschleppt worden war, bis sie aus Auschwitz befreit wurde, nahm sich ihrer besonders an, holte das kleine Mädchen nachts zu sich ins Bett, ersetzte ihr die Mutter.

Fräulein Stern war nicht die einzige Pflegerin, die sich mit Hingabe um die Kinder kümmerte, die langsam lockerer, freier, auch lustiger wurden. Vor allem Siegfried Baruch war ein außergewöhnlicher Pädagoge. Sein Ziel war, den Kindern, von denen einige anfangs weder weinen noch lachen konnten, neue psychische und physische Kräfte zuwachsen zu lassen. Langsam, mit viel Geduld, Liebe, menschlicher Wärme, Verständnis und Toleranz, schien das zu gelingen.

So wie unsere Erzieherinnen in der Fehrbelliner Straße und die Lehrer an der Jüdischen Mädchenschule uns Stolz auf unser Judentum beibrachten, so versuchte man auch hier, den Kindern eine bewusst jüdische Erziehung zu geben. Sie hatten ja jede Zugehörigkeit verloren, sie sollten wieder Wurzeln bilden, sich als Teil einer Gemeinschaft erleben. Wir hatten bald auch eine kleine Synagoge im Heim, die Gottesdienste leitete Siegfried Baruch selbst. So wie ich es aus meiner Kindheit kannte, waren die jüdischen Feste die Höhepunkte im Alltag. Sogar die Kleinsten wurden in die Vorbereitung mit einbezogen, sie sangen und tanzten, führten jüdische Märchen auf. 1946 feierte der erste Junge unseres Heims seine ›Bar-Mizwah‹. Das war Manfred Klützke, später hat er auch hier in Israel gelebt, wir haben uns manchmal getroffen, aber heute ist er mit einer Engländerin verheiratet und lebt in Großbritanien. Damals war er ein verstörtes, traumatisiertes Kind, wie die meisten. Wir versuchten alles, um sie glücklich zu machen. Aber erst einmal mussten sie sich auch körperlich erholen.

Am Anfang fehlte es an allem. Einer der wichtigsten Unterstützer des Heims war der nichtjüdische Bürstenfabrikant Otto Weidt, der in seiner Werkstatt auf einem Hinterhof der Rosenthaler Straße viele jüdische Blinde beschäftigt hatte, von denen er mehrere vor der Deportation retten konnte. Mit anderen zusammen hatte er ein ganzes Netzwerk der Hilfe für Untergetauchte geknüpft, nun gab er den Rest seines Vermögens, damit Möbel, Geschirr, Wäsche, Spielzeug und Baumaterial für die beiden jüdischen Heime in der Moltkestraße angeschafft werden konnten. Ich habe ihn damals nicht persönlich kennengelernt. Auch aus der Schweiz kam Hilfe und die amerikanische Hilfsorganisation *JOINT* sorgte für Lebensmittel, damit unsere Kinder und die Alten, die schon so viel hinter sich hatten, nicht hungern mussten. Etwas Unterstützung kam auch vom Rat des Stadtbezirks Pankow, zu dem

Niederschönhausen gehörte. Trotzdem war anfangs alles sehr karg und jede Scheibe Brot kostbar.

Ich arbeitete also dort, war mit den Kindern zusammen, las ihnen vor, spielte mit ihnen im Garten, und nach acht Stunden kam manchmal eine ältere Kinderschwester auf mich zu und sagte: »Du bist jetzt frei, Regina, Du hast heute genug gearbeitet.« Dann war ich immer ganz verwirrt, das kannte ich ja gar nicht mehr, dass man frei hat, dass man selbst entscheiden kann, was man tun will, ohne Angst. »Du kannst lesen, Du kannst schreiben«, schlug die Schwester vor, »Du kannst in die Stadt hineinfahren und ins Kino gehen oder Deine Schwester treffen.« Das waren mir zu viele Möglichkeiten, ich ging in meine Zimmerecke und wusste gar nichts mit mir anzufangen. Die anderen Mädchen sind oft nicht da gewesen, Erika hatte ja noch ihren Vater in der Stadt. Oft war ich allein und habe diese Ruhe für mich auch gebraucht. Mir ist so vieles durch den Kopf gegangen.

Hier möchte ich einflechten, dass mein Mann Zwi Steinitz, der als fast 18-Jähriger befreit wurde, nachdem er das Krakauer Ghetto, die Lager Plaszow, Auschwitz, Buchenwald und Sachsenhausen überlebt hatte, dasselbe berichtet hat. Er war plötzlich ein freier Mensch, aber er musste erst lernen, diese Freiheit auch zu fühlen und zu nutzen.

Ich wusch mich, ich legte mich aufs Bett und fragte mich: Was machst du jetzt? Später gab es ein Radio, dann habe ich klassische Musik gehört. Und ich habe gelesen.

Siegfried Baruch war es, der mich nach meinen Plänen fragte und mir riet, weiter zur Schule zu gehen. Außerdem sorgte er dafür, dass ich nähen lernte, denn er meinte, mit dieser Fertigkeit könnte man immer Geld verdienen. Zur Schule war ich ja mehr als drei Jahre nicht gegangen und es war nicht leicht, einen geeigneten Platz zu finden. Zur Volksschule konnte ich ja mit 16 Jahren nicht mehr gehen. Herr Baruch fand für mich das private Gabbe-Gymnasium am Potsdamer Platz. Die Gegend bestand nur aus Trümmerhaufen, in einem völlig zerstörten Haus hatte das Gabbe-Gymnasium ein paar halbwegs nutzbare Räume belegt. Mehrmals in der Woche ging ich mit einem anderen Mädchen dorthin, sie gaben nicht jeden Tag Unterricht. Ich lernte sehr gern, in Mathematik war ich nicht gut, aber Physik und Chemie, diese Fächer hatte ich ja bis dahin nicht gekannt, interessierten mich, später an der

Schwesternschule halfen mir diese Kenntnisse sehr. Und das Fach Geschichte fesselte mich besonders. Einerseits war ich froh, wieder lernen zu können, andererseits war ich unter den nichtjüdischen Jugendlichen fremd. Niemand dort wusste von unserer Geschichte, Ruth ging auch eine Zeitlang dorthin. Und das andere jüdische Mädchen. Wir erzählten es auch niemandem, wir wollten sein wie alle. Aber wir waren nicht wie alle. Unsere Mitschüler waren als 15-,16-Jährige zum Kriegsende noch eingezogen gewesen, sie waren in der Hitlerjugend gewesen und dachten auch so. Andere waren Flüchtlinge, die hatten auch schon lange keinen richtigen Schulunterricht gehabt und hofften nun, zum Abitur zu kommen. Einmal, das war schon etwa 1947, sang ein Junge aus meiner Klasse in der Pause ein Lied vor sich hin, das ging etwa so: »Werft sie raus die Judenbande, werft sie raus bis nach Jerusalem, sonst kommen sie wieder rin.«

Ich warf dem anderen jüdischen Mädchen einen Blick zu, wir waren starr vor Entsetzen. Aber ich fing mich bald, ich wusste ja schon, dass ich nicht mehr in der Nazizeit lebe. Nach dem Schulunterricht bin ich auf ihn zugegangen und habe ihn gefragt, was er sich dabei gedacht hat, so ein Lied zu singen. Gar nichts hatte er sich gedacht. Er war selbst erschrocken und versicherte mir, dass er das einfach so geträllert hatte, weil es in seinem Kopf war, von früher. Er habe das nicht so gemeint. Und ich habe es ihm geglaubt. Ich sagte ihm nun, dass ich selbst Jüdin sei und dass sechs Millionen Menschen von uns ermordet wurden. Wir sind friedlich auseinandergegangen, er schien mir nachdenklich zu sein. Ich weiß nicht, was aus ihm geworden ist, aber der ganze Nazidreck war doch noch in den Köpfen, uns war klar, dass es lange dauern wird, bis sich etwas ändert.

Meine Schwester und ich waren in einer jüdischen Jugendgruppe, auch Ruth Pisarek war dort, ihr Bruder Georg und andere, die wir kannten. Unsere Gruppe war bunt durcheinander gewürfelt, viele von uns waren sogenannte DPs, ›Displaced Persons‹. Die waren aus den Lagern gekommen, ihre frühere Heimat lag in Litauen, Polen, Rumänien oder im ehemaligen Ostpreußen, wohin sie nicht zurück konnten oder wollten. Manche, deren Heimat in Polen lag, waren nach der Befreiung zurückgegangen, aber vor dem alten Antisemitismus und neuen Pogromen wieder geflohen. In Berlin gab es zwei DP-Lager, am Schlachtensee und in Tempelhof. Wir verbrachten unsere Freizeit miteinander, diskutierten, waren auch fröhlich. Vor allem aber fühlten wir uns wohl miteinander, von denen sang keiner plötzlich so ein Lied.

Ruth arbeitete dann als Sprechstundenhilfe und ließ sich zur Dolmetscherin ausbilden. Sie wohnte in einem möblierten Zimmer in Tempelhof. Ich fuhr nun zwei Jahre lang mehrmals in der Woche von Niederschönhausen aus durch drei Zonen zur Schule. Aber ich half auch weiter im Heim, spielte mit den Kindern, wusch sie, das empfand ich nicht als Arbeit, es war selbstverständlich. Siegfried Baruch gab mir Buchempfehlungen und so las ich sehr viel. Stefan Zweig, Dostojewski, Romain Rolland, Victor Hugo. Langsam weitete sich mein Horizont, es war, als ob meine Seele, die lange eingesperrt war, wieder fliegen lernte. Besonders beeindruckte mich Dostojewskis *Schuld und Sühne.* Ich konnte gar nicht aufhören, darin zu lesen. Als mein Sohn Ami viele Jahre später dieses Buch für die Schule lesen musste, beschwerte er sich, das sei zu anstrengend. Ich empfand es damals, mit 15, überhaupt nicht so. Auch zu Heine, Goethe, Schiller, an die uns ja unsere Lehrer in der Auguststraße schon herangeführt hatten, kehrte ich zurück.

Langsam entdeckte ich das Kulturleben Berlins. Herr Baruch war nicht böse, wenn ich manchmal von einem Konzert oder einer Oper spät nach Hause kam. Er öffnete mir selbst die Haustür und fragte: »Wie war es?« Ich erzählte ihm dann mitten in der Nacht begeistert von den wunderbaren Konzerten, die Furtwängler dirigierte oder Sergiu Celibidache. Auch das berühmte und umstrittene Konzert, in dem Yehudi Menuhin Beethovens *Violinkonzert D-Dur* mit Furtwängler spielte, erlebte ich. Manchmal ging ich auch zu einem der russischen Militärchöre, die fand ich phantastisch. *Nathan, der Weise* habe ich im Deutschen Theater mit Paul Wegener in der Hauptrolle gesehen. Auch wenn es an allem anderen fehlte, das Theater- und Musikleben fand in Berlin schnell wieder auf einem hohen Niveau statt. Herr Baruch, der meine Begeisterung für die Kunst teilte, hörte mir zu und gab mir das Gefühl, für mich da zu sein. Aber auch die anderen hatten dieses Gefühl. Er erinnerte mich an meine geliebten Lehrerinnen und Erzieherinnen, die nicht mehr zurückgekommen waren. Siegfried Baruch ging mit den Kindern 1953, als ich schon längst in Israel lebte, nach West-berlin. Damals verließen viele Mitglieder der jüdischen Gemeinden die DDR, auch fast alle Repräsentanten, es war eine Reaktion auf die Prozesse in osteuropäischen Ländern – gegen die Moskauer Ärzte, gegen Rajk, gegen Slánský. Die Prozesse hatten eine antisemitische Ausrichtung und auch in Ostdeutschland kündigte sich so etwas an. Ein neuer staatlich gelenkter Antisemitismus hatte zu dieser Zeit in der DDR seinen Höhepunkt. Nach Stalins Tod flaute er wohl wieder ab, aber Anfang 1953 schien es Siegfried Baruch das Beste, die Kinder fortzubringen. Nach diesem wunderbaren Menschen ist seit 2007 in Berlin-Pankow eine Straße benannt.

## NACHRICHT VON DEN LEBENDEN

Regelmäßig fuhr ich weiter in die Oranienburger Straße, um zu sehen, ob sich jemand von unseren Mitschülern, Freundinnen, Erzieherinnen oder gar einer der Brüder zurückgemeldet hatte. Einmal standen da drei junge Männer, die untereinander Deutsch sprachen. Das war nicht selbstverständlich, denn die meisten in Berlin damals lebenden jüdischen Menschen waren DPs. Die meisten wollten auswandern, nach Eretz Israel oder in die USA, und bis das möglich war, blieben sie in Berlin. Manche leben heute noch dort. Aber diese drei Männer sprachen untereinander Deutsch und ich sah die Auschwitznummern auf ihren Armen. Ich ging auf sie zu und fragte, woher sie kämen. Damals wusste ich ja schon, dass mein Bruder Benno zuletzt in Buna-Monowitz gesehen worden war. Die Männer waren auch dort gewesen. »Ich suche meinen Bruder Benno Rajfeld«, sagte ich. Die lachten. »Was, Du bist Benjamins Schwester? Bist Du Ruthchen oder bist Du Ginchen?« Mir blieb fast das Herz stehen. Wenn sie unsere Namen wussten, mussten sie Benno gut kennen. Und so war es auch. Ich erfuhr, dass diese drei, Arthur Posnanski, Isi Philipp und Theo Lehmann, schon zusammen mit Benno auf ›Hachscharah‹ in Schniebinchen gewesen waren und dann in Neuendorf. Sie waren zusammen in Buna-Monowitz gewesen, zusammen in Bergen-Belsen befreit worden. Sie erzählten mir, dass sie Berliner Jungen waren und vor ihrer Ausreise nach Palästina noch einmal in ihre Heimatstadt gekommen waren, um nach Angehörigen zu suchen. Benno, sagten sie, sei längst in Palästina. Unter Lachen und

Weinen erfuhr ich, wie es meinem Bruder ergangen war: Schwer krank wurde er mit den anderen auf den ›Todesmarsch‹ in Richtung Gleiwitz getrieben. Auf diesem ›Todesmarsch‹ ist mein Bruder zusammengebrochen und konnte nicht mehr weitergehen, weil seine Schuhe völlig zerschlissen waren. Da hat Leo Engel seine Schuhe Benno gegeben und ist barfuß bei eisiger Kälte durch den Schnee weitergegangen. Dadurch sind Leo zwei Zehen abgefroren. Dann wurden sie auf offenen Waggons in die Stadt Nordhausen gebracht, wo im KZ Dora-Mittelbau unter Tage die *V2*-Rakenten hergestellt werden sollten, Hitlers Wunderwaffe. Bennos ›Chawerim‹ waren immer bei ihm, stützten ihn, sorgten in dieser Hölle für sein Überleben. Benno, sagten sie, sei selbst immer ein guter Kamerad gewesen, auf den sich seine Freunde verlassen konnten. Bei einer Selektion im Block 45 von Auschwitz III seien er und sein Kamerad Onny Ohnhaus zweimal angetreten, um zwei erst 13-jährigen Griechen, die als arbeitsunfähig aussortiert worden wären, das Leben zu retten. Benno und Onny, die schon durch waren, traten unter den Nummern der Jungen noch einmal nackt vor den Arzt, der sie zum Glück nicht wiedererkannte. Es wäre ihr Tod gewesen, wenn das bemerkt worden wäre. Aber so kamen die kleinen Griechen auf die scheinbar sichere Seite. Doch überlebt haben sie nicht.

Der Tod war seit dem April 1943, als wir das Gesicht unseres Bruders hinter den Gittern des Sammellagers gesehen hatten, immer an seiner Seite gewesen. Befreit wurde Benno in Bergen-Belsen. Die Überlebenden des ›Hechaluz‹ gingen zusammen in die ehemalige ›Hachscharah‹-Stätte Gehringshof bei Fulda. Dort trafen sie mit anderen, nicht nur deutschen Jugendlichen aus der Kibbuzbewegung zusammen, die die Lager überlebt hatten. Sie beschlossen, wie sie es immer gewollt hatten, ihren Traum zu verwirklichen und zusammen nach Palästina aufzubrechen. Sie nannten sich nun Kibbuz Buchenwald. Ihr tiefster Wunsch nach den hinter ihnen liegenden Erfahrungen war, eine jüdische Heimstatt mit aufzubauen, in der jeder Jude frei, solidarisch und gleichberechtigt mit anderen leben könnte, in der endlich Frieden sein würde. Über die Jüdischen Brigaden gelangte die erste Gruppe mit Benno vier Monate nach der Befreiung tatsächlich nach Palästina, ganz legal, sie gehörten zu denen, die ein Zertifikat bekamen. In Palästina konnten sie aber nicht gleich ihren Kibbuz Buchenwald gründen, außer den

Monaten in der ›Hachscharah‹ hatten die meisten kaum Erfahrungen mit der Landwirtschaft. Sie gingen erst einmal erneut zur ›Hachscharah‹, das Tauglichmachung bedeutet. Etwa zwei Jahre lang, erfuhr ich, würde mein Bruder nun mit seinem Kameraden im Kibbuz Afikim im Jordantal leben, arbeiten und lernen. Und wir erfuhren, dass er nach der Befreiung in Bergen-Belsen ein Mädchen kennengelernt hatte, eine aus Polen stammende Kameradin namens Ziwa, in die er sich verliebt hatte. Ihre Eltern waren in Auschwitz umgekommen.

Wie diese Nachrichten auf mich wirkten, kann ich gar nicht beschreiben. Bennos Freunde waren seit Jahren mit ihm zusammen gewesen, sie wussten alles von ihm, sogar die Namen seiner kleinen Schwestern, sie waren für mich auch wie Brüder. Nun hatten wir Gewissheit: Benno ist am Leben. Sofort versuchten meine Schwester und ich, mit ihm in Kontakt zu treten.

Die Freunde meines Bruders waren ja schon auf dem Sprung nach Eretz Israel und sie forderten uns auf, einfach mit ihnen zu kommen. Sie wollten die illegale Einwanderung wagen, die erste, legal eingewanderte, Gruppe, zu der Benno gehörte, sahen sie als eine Art Vorhut des Kibbuz Buchenwald an, der sie jetzt folgen wollten. Aber wir konnten uns ihnen nicht einfach anschließen. Man muss doch Abschied nehmen und man muss sich vorbereiten. Ich konnte doch nicht einfach das Kinderheim verlassen, die brauchten mich doch. Aber der Gedanke, vielleicht später nach Palästina zu gehen, war schon da. Übrigens habe ich auch diese drei in Israel wieder getroffen und eine Zeitlang mit ihnen im Kibbuz gelebt.

Solche dramatischen Szenen wie die, als ich Bennos Kameraden traf, spielten sich in den Büros der Jüdischen Gemeinde öfter ab, es gab Freudentränen und unglaubliches Glück, wenn man Angehörige fand oder von ihrem Überleben erfuhr, und es gab tiefe Verzweiflung, wenn der Tod eines lieben Menschen Gewissheit wurde. In den ersten Monaten nach der Befreiung stieg die Selbstmordrate in der Jüdischen Gemeinde wieder an. Manche, die die Lager überlebt hatten, brachen erst zusammen, als ihnen klar wurde, wer alles nicht wiederkommen würde.

Ich erinnere mich an die erste Chanukkafeier nach dem Krieg, die in der Synagoge Rykestraße stattfand. Vier Jahre lang hatten wir nicht Chanukka feiern können, das letzte Mal im Kinderheim Fehrbelliner

Straße. Die Synagoge in der Rykestraße im Prenzlauer Berg war in der Pogromnacht erhalten geblieben, weil sie zwischen Wohnhäusern stand, später hatten die Bomben sie zufällig verschont, die Wehrmacht hatte sie als Pferdestall missbraucht. Alles war beschädigt, aber dort fanden wieder Gottesdienste statt und es gab einen Raum, in dem man sich zur Chanukkafeier zusammenfand. Junge und ältere Menschen saßen dort, es war ganz voll. Man zündete die erste Kerze im Chanukkaleuchter an, betete und sang das Lied *Maoz Tzur we Jeschuati.*

Aber man hörte nur lautes Weinen und Schluchzen bei dieser ersten Chanukkafeier nach der Schoah, jeder dachte an seine Familie, an die, die nicht mehr dabei sein konnten. Und ich dachte an die Kinder aus der Fehrbelliner Straße.

Aber nun, da wir von Bennos Überleben wussten, glaubten Ruth und ich fest an ein Wiedersehen auch mit unserem Vater und mit Theo. Wir hatten im *Aufbau*, einer deutschsprachigen jüdischen Zeitschrift, die in New York erschien und vor allem von deutschen Emigranten gelesen wurde, eine Suchanzeige aufgegeben. Denn die Adresse unseres Vaters war verlorengegangen. Wir wussten gar nichts über ihn, auch zu Theo in England hatten wir keinen Kontakt. Ich habe immer geträumt, dass eines Tages ein amerikanischer Soldat erscheinen würde: mein Vater.

Wir hatten also diese Anzeige aufgegeben mit meiner Adresse, Jüdisches Kinderheim, Moltkestraße. Und eines Nachmittags kam ich aus meiner Schule ins Heim zurück und man sagte mir: »Heute war hier ein amerikanischer Soldat mit einem Dolmetscher, der hatte einen Brief und ein Foto Deines Vaters.« Ich war natürlich vollkommen aufgeregt: »Wo ist er, wo ist er?« Sie hatten ihn zu meiner Schwester geschickt, die damals bei einem Internisten als Sprechstundenhilfe arbeitete. Ich bin natürlich sofort dorthin gefahren, habe sie aber nicht mehr angetroffen. Ruth erzählte mir dann, sie kam nach der Pause um vier Uhr wieder in die Arztpraxis, da stand ein amerikanischer Soldat, der hielt ihr den Brief und das Foto entgegen. Sie war natürlich auch völlig aufgeregt, sie lachte und weinte, umarmte den Mann, er hieß Norton, umarmte und küsste auch den Dolmetscher, dann kamen der Arzt und seine Frau dazu, Ruth küsste auch die, umarmte sie alle und war ganz außer sich. So kamen wir wieder in Kontakt mit unserem Vater.

Seine Schwester, Tante Hella, die wir noch aus Hamburg kannten, hatte eine Freundin, die den *Aufbau* las. Diese Freundin hatte Tante Hella angerufen: »Die Kinder von Simon leben.« Meine Tante rief gleich meinen Vater an und der schickte diesem in Deutschland stationierten Norton, der der Sohn der Freundin meiner Tante war und zufällig bei der Militärpost arbeitete, einen Brief und ein Foto für uns. Und dann schickten sie gleich ein riesiges Paket mit Kleidungsstücken, Schokolade, Marzipan. Dieses Paket kam in der Moltkestraße an, eine große Kiste. Alle Kinder und meine Freundinnen standen um mich herum, ich habe die Kiste geöffnet, es war wie ein Rausch. Da waren Kleidungsstücke, die mir gar nicht gepasst haben, auch Schuhe, die gab ich gleich den anderen Mädchen, und auf die Schokolade stürzten sich gleich die Kinder. Auch Kaugummis waren darin, etwas Neues für uns, ich habe alles verteilt. Dann erst habe ich meine Schwester angerufen: »Hier ist ein Paket, Papa hat ein Paket geschickt.« Sie kam und da war nicht mal mehr ein kleines Stückchen Schokolade. Und Schokolade war so wertvoll wie Gold. Meine Schwester war so enttäuscht, das hat sie mir niemals vergessen. Die Sachen konnte sie ja auch nicht tragen, wir hatten die gleiche Figur, »aber nicht mal ein Stückchen Schokolade«, hat sie immer gesagt. Ich hatte auch nichts davon gegessen, aber in meiner Aufregung hatte ich nicht an Ruth gedacht. Die Freude der Kinder war so überwältigend.

Von nun an schickte unser Vater öfter Pakete, vor allem mit Kaffee, den haben wir verkauft und davon unsere Ausbildung bezahlt. Bis dahin hatte ich ja ein kleines Taschengeld vom Heim bekommen, nun konnte ich die Schule selbst bezahlen und Ruth ihren Englischunterricht. Für ein Pfund Bohnenkaffee bekam man damals in Berlin sehr viel Geld. Wenn wir ein Kilo Kaffee im Monat hatten, konnten wir damit wunderbar leben. Mein Vater war im Kontakt mit unserem Bruder Theo, der mit dem ›Kindertransport‹ nach Großbritannien gekommen war. Theo war gleich mit 18 Jahren in die englische Armee eingetreten, freiwillig. In Italien war er stationiert. Er hat auch gegen Hitler gekämpft, dreimal ist er verwundet worden. Als mein Vater von uns ein Lebenszeichen hatte, telegrafierte er sofort an Theo. Mein Vater war vier Jahre in der US-Army gewesen, mein Traum, dass er als amerikanischer Soldat zu uns kommt, war gar nicht so weit von der

Wirklichkeit entfernt. In Afrika hat er gegen Rommel gekämpft. Als er dort in der Sahara saß, wurde ihm auch die amerikanische Staatsbürgerschaft verliehen. Danach wurde er nach Italien versetzt, war in Rom und in Neapel. Beide, mein Vater und mein Bruder, waren also in Italien, einer in der englischen Armee, einer in der amerikanischen, aber sie haben sich nicht gesehen. Mein Vater wurde 1944 aus der Army entlassen, mein Bruder blieb Soldat und hat Deutschland mit befreit, Deutschland, nicht nur uns jüdische Deutsche. Diesen Satz habe ich oft gesagt, auch schon, als ich noch jung war, immer stieß ich damit auf Granit. Aber die Alliierten haben Deutschland von Hitler befreit, denn der hat nichts Gutes für sein eigenes Volk getan. Deutschland war befreit, ich war befreit und mein Bruder saß im englischen Sektor und mein Vater telegrafierte ihm: »Die Puppen leben, Theo, die Puppen leben.« Er teilte ihm die Adresse des Kinderheims Niederschönhausen mit. Mein Bruder zeigte das Telegramm seinem Hauptmann, der gab ihm eine Woche frei und mein Bruder fuhr sofort nach Berlin.

Damals konnte man noch problemlos von einem Sektor in den anderen gehen, so stand mein Bruder Theo plötzlich in seiner englischen Uniform im Jüdischen Kinderheim im Sowjetischen Sektor. Das Wiedersehen kann ich gar nicht beschreiben. Dann fuhr ich mit ihm zusammen zu meiner Schwester, er ging mit uns in die englische Kantine. So einen Überfluss hatten wir noch nie gesehen. Kurz bevor Theo vor ein paar Jahren starb, hat er mich daran erinnert, wie wir damals staunten. Er erzählte mir, dass er in der Kantine für uns gute Sachen einpacken ließ, Schokolade, Kuchen, alles, aber alles doppelt. Der Verkäufer fragte ihn: »Warum so viel? Hast du zwei Liebchen?« »Nein«, sagte er, »das ist für meine Zwillingsschwestern.« Wir haben die phantastischen Gaben natürlich verteilt, ebenso wie den Inhalt der Pakete unseres Vaters, auch unsere Verwandten haben etwas abbekommen, die Kinder meiner Tante. Besonders Zigaretten waren kostbar, Ruth und ich rauchten ja nicht. Theo blieb eine Woche bei uns, er schlief in diesem ›Centre‹ der Engländer, wir waren aber jeden Tag zusammen und hatten uns so viel zu erzählen. Theo war schon verheiratet, seine Frau hatte er in der Armee kennengelernt. Die jüdischen Emigranten und Überlebenden heirateten damals oft so jung, man wollte wieder eine Familie haben. Wir gingen in eine Parfümerie, weil Theo für seine Frau ein Parfüm kaufen wollte. Die Verkäuferin beriet ihn und sagte zu mir: »Das ist wohl Ihr Geliebter?« Wir waren 17 damals, unser Bruder 23. »Nein«, sagte ich stolz, »das ist mein Bruder.« Es war so wunderbar, das sagen zu können, wieder einen Bruder neben sich zu haben. Theo war im Krieg mehrmals verwundet gewesen, es war so ein Glück, ein Wunder, dass wir wieder zusammen waren. Und dass auch Benno lebte und unser Vater. Theo war ja der Erste aus unserer Familie, den wir wiedergesehen haben. Aber er fiel gleich in seine alte Rolle und wollte die Püppchen erziehen. Unser Papa hatte uns Lippenstifte geschickt, die wollte er uns verbieten. »Ihr malt euch nicht die Lippen an, das würde Mutti nicht wollen.« Leider musste er nach einer Woche wieder zurück, aber wir blieben fortan im Kontakt, bis zu seinem Tod, besuchten uns später auch gegenseitig mit den Familien.

Als mein Bruder mich im Heim aufsuchte, stieg er an einer Straßenbahnhaltestelle in der Nähe aus, dort gegenüber war eine ›Komendantura‹ der Russen. Von dieser Straßenbahnhaltestelle fuhren wir auch zusammen zu meiner Schwester. Einige Tage später, Theo war schon abgereist, bekam ich von der sowjetischen Kommandantur eine Vorladung. Natürlich war ich erschrocken, damals wurden Menschen von den Russen abgeholt und kamen nicht zurück. Auch Mitgliedern der Gemeinde war es so ergangen. Der Rechtsanwalt Bernhard Baruch sagte: »Allein gehst du nicht dorthin!« und kam mit mir. Ich wurde gefragt, wer der englische Soldat sei, mit dem ich gesehen wurde. Der russische Offizier hörte aufmerksam zu, ihn interessierte meine ganze Lebensgeschichte. Besonders aber, dass mein Vater 1938 in die USA ausgereist war und dann vier Jahre in der US-Army gedient hatte. Sie waren ja Verbündete gewesen, aber der Kalte Krieg kündigte sich schon an und jetzt waren sie so etwas wie Feinde. Ich erzählte, wie Theo mit dem ›Kindertransport‹ gerettet wurde und dass mein anderer Bruder Auschwitz überlebt hat. Der Offizier schien mir zu glauben, er ließ mich gehen und wir hörten nichts mehr von ihm. Aber ich bin sehr froh und dankbar, dass Herr Baruch mich begleitete.

Ganz langsam normalisierte das Leben sich. Aber vielleicht spürten wir den elementaren Mangel im Alltag nicht so stark, weil wir das neu erwachte Kulturleben in Berlin mit vollen Zügen genossen. Neulich fand ich einen Artikel, den unsere Freundin Ruth Pisarek im März 1947 in der jüdischen Zeitung *Der Weg* veröffentlichte. Darin beschrieb sie das Heim, den Enthusiasmus der Mitarbeiter, aber stellte fest, dass es nicht einmal genug Teller gab und dass statt der Tassen leere Konservenbüchsen genommen werden mussten. Wir waren arm. Aber wir empfanden es nicht so. Meine Schwester Ruth bekam sehr oft Freikarten, weil Abraham Pisarek, der inzwischen wieder ein gefragter Theaterfotograf war, sie zu Vorstellungen mitnahm. Herr Pisarek war überhaupt ein sehr lieber Mensch, für uns war er wie ein Vater.

Aber trotz der guten Entwicklung stand unter den meisten jungen jüdischen Leuten fest, dass wir Deutschland verlassen würden, dieses Land, das uns so viel angetan hatte. Aus unserer jüdischen Gruppe waren schon mehrere nach Palästina ausgereist, obwohl die britischen Mandatsbehörden die Einwanderung stark begrenzten. Andere gingen in die USA. Auch eine der jungen Pflegerinnen, mit der ich zusammenarbeitete, Marianne Latter. Ihr Vater Willy Latter war mit 13 Jahren erblindet. Durch seine ›Mischehe‹ war er einigermaßen geschützt gewesen. Früher war er Konzertpianist und Musiklehrer. Seit 1942 arbeitete er als Bürstenbinder in Otto Weidts Werkstatt, als sich die Familie dann doch versteckte, unterstützte Weidt auch sie mit Lebensmitteln, Marianne hat mir davon erzählt. Manchmal war ich bei ihrer Familie eingeladen. Zu ihrem blinden Vater hatte ich eine besondere Beziehung, er erinnerte mich an den Organisten aus der Neuen Synagoge. Wenn ich die Familie Latter besuchte, erwartete Willy Latter mich an der Tür ihres Hauses, im Hintergrund hatte er eine Mozartplatte aufgelegt, die ich so sehr liebte. Das Ehepaar Latter wanderte mit den Töchtern Marianne und Lilian in die USA aus, bis zu Mariannes Tod standen wir in Verbindung.

Doch für die Alten, die ihre Familie verloren hatten, kam eine Ausreise nicht in Frage. Die Bewohner des Altenheims in der Moltkestraße waren froh und dankbar, wieder ein bescheidenes Zuhause gefunden zu haben, nicht allein sein zu müssen. Die jüdischen Feste und den Sabbat feierten sie mit den Kindern zusammen. Zu Sukkot wurde eine Laubhütte im Garten aufgebaut. Es war nach den Jahren der Verfolgungen für alle ein tiefes Erlebnis, wieder unbehelligt gemeinsam die jüdischen Feiertage begehen zu können. In diesem Garten gab es auch Blumen- und Gemüsebeete, um die sowohl die Alten als auch die Kinder sich kümmerten. Die Atmosphäre war warmherzig und verständnisvoll. Einige der alten Leute waren für die Kinder wie Großeltern. Ich erinnere mich an Frau Schiff, eine sehr nette alte Dame, die aus Theresienstadt zurückgekommen war und unseren größeren Kindern Nachhilfeunterricht gab. Sie lehrte nicht nur Lesen, Schreiben und Rechnen, sie spielte auch sehr gut Klavier und begleitete bei verschiedenen Aufführungen. Viele Kinder lernten Instrumente, Herr Baruch dirigierte. Dann gab es noch Frau Pöhler, die auch im Heim wohnte, sie war wohl auch Lehrerin und gab Nachhilfeunterricht. Sie hatte eine ganz besondere Gabe, mit Heranwachsenden umzugehen. Frau Pöhler war keine Jüdin, Siegfried Baruch hatte sie geholt, weil er sie aus einer früheren Zusammenarbeit kannte und schätzte. Ihr Anliegen war, dass die größeren Kinder die verlorenen Schuljahre nachholten. Sie entwickelte zu einigen Jugendlichen, auch zu mir, ein ganz persönliches Verhältnis. Oft lud sie uns auf ihr Zimmer ein, man zog sie ins Vertrauen und sie war uns elternlosen Mädchen eine gute Beraterin. Für sie war das Heim ihr Leben, sie hatte gar kein Privatleben daneben. Noch viele Jahre lang habe ich aus Israel mit ihr korrespondiert.

An den Hohen Feiertagen fuhren oder liefen wir alle in die Rykestraße. Nach der traurigen Chanukkafeier von 1945 hatten wir dort wunderbare Gottesdienste und auch wieder fröhliche Zusammenkünfte. War es zu Chanukka 1946 oder 1947, als ich mit Ruth und Freunden aus der jüdischen Gruppe jeden Tag woanders feierte? Chanukka geht ja acht Tage lang, wir waren im amerikanischen Sektor, wo uns jüdische Soldaten einluden, im französischen, wo die französisch-jüdischen Soldaten einen Ball veranstalteten, und auch mit russisch-jüdischen Soldaten feierten wir gemeinsam, wir beteten, aßen, tanzten und sangen zusammen. Wir spürten, dass wir jung waren, Ruth und ich wurden sehr umschwärmt und genossen diese lange nicht gefühlte Leichtigkeit. Aber spätabends fuhr ich mit der Straßenbahn wieder zurück nach Niederschönhausen ins Heim, das war mir sehr wichtig, das war mein Zuhause, das liebte ich, das war in dieser Zeit meine Familie, in der auch immer öfter wieder gelacht wurde.

Ein komisches Erlebnis mit unserer Köchin Frau Pakula ist mir in Erinnerung. An einem Sederabend saßen Erwachsene und Kinder um den festlich gedeckten Tisch und lasen aus der ›Hagadah‹, bis wir an die

Stelle kamen, an der der Prophet Eliahu erwartet wird. Ein Kind ging zur Tür und öffnete sie, alle schauten dorthin, als plötzlich Frau Pakula durch diese Tür eintrat. Die feierliche Spannung entlud sich in großem Gelächter, das sie völlig verwirrte. Erst nach einigen Minuten setzten wir den Sederabend fort.

Nachdem wir wieder Verbindung mit unserem Vater hatten, erwachte in Ruth und mir der Wunsch, zu ihm und seiner neuen Familie nach Amerika auszuwandern. Mein Vater hatte geheiratet und 1947 wurden von seiner 1939 aus Ungarn emigrierten Frau Bözi erneut Zwillinge geboren, zwei Jungen. An sich hatte eine Familienzusammenführung bei den Einwanderungsbehörden ›first priority‹, Kinder kamen recht leicht zu ihren Eltern. Aber nun erwies es sich wieder als Problem, dass wir einen anderen Namen hatten und dass er sich bei der Einreise 1938 als Junggeselle ausgegeben hatte. Die Angelegenheit war schwierig, wir wurden in die Antragsteller eingereiht, da gab es eine Quote und wir hätten sehr lange warten müssen. Viel später, als wir von Israel aus regelmäßig mit unserem Vater zusammen kamen, spürten wir seine starken Schuldgefühle, er hat sein ganzes Leben lang darunter gelitten, ohne uns in die USA ausgewandert zu sein. Aber wir sprachen darüber und ich sagte ihm: »Papa, wäre es denn besser gewesen, Du wärst in Auschwitz umgekommen? Das war doch damals die einzige Alternative.«

## NACH ISRAEL

Im November 1947 wurde von der Vollversammlung der UNO ein Teilungsbeschluss für Palästina vorgestellt, es sollten zwei Staaten gegründet werden, ein jüdischer und ein arabischer. Aber in den Jubel darüber, dass jüdische Menschen endlich eine Heimstatt haben sollten, in der ihnen niemals Verfolgung drohte, mischte sich von Anfang an Sorge und Trauer. Die arabischen Staaten im Mittleren Osten widersetzten sich dem UNO-Beschluss und am Tag nach der Proklamation Israels am 14. Mai 1948, als das britische Mandat endete, griffen fünf Armeen den jungen jüdischen Staat an. Sie glaubten, das kleine Israel mit ihrer militärischen Übermacht in wenigen Tagen zu besiegen. Aber junge jüdische Menschen aus allen Ländern eilten zu Hilfe.

In Berlin verfolgten wir die Ereignisse ganz genau, wir fühlten uns selbst angegriffen und bangten um das junge Israel. Viele der jungen DPs, auch aus unserer jüdischen Gruppe, meldeten sich zur neu gegründeten israelischen Armee, um ihr Recht auf Heimat zu verteidigen. Es kamen auch israelische Delegierte, um unter den jungen Juden für eine Einwanderung zu werben.

Von unseren Freunden waren einige schon unterwegs, als meine Schwester beschloss, sich auch für Israel zu melden. Sehr gut erinnerten wir uns an das Lied, das wir als Kinder in der Schule gelernt hatten: »Jeder Mensch hat ein Heimatland. Wo er auch geht, wo er auch steht, ist er zu Haus. Nur ein Mensch auf der Welt hat kein Heimatland. Wo er auch steht, wo er auch geht, wirft man ihn hinaus. Ein Jude bist Du? Raus!«

Wir waren beinahe 18 Jahre alt, fast volljährig. Ruth ging also zu der Stelle, wo man sich eintrug, das war gar nicht mit mir abgesprochen. Aber sie sagte zu dem jungen israelischen Abgesandten, er solle ihre Schwester auch ruhig eintragen. Man wurde ja dort geprüft, musste etwas über sich erzählen, die Motivation erklären und die Gesundheit wurde begutachtet. Ruth, die diese Befragung schon hinter sich hatte, sagte: »Meine Schwester könnt ihr gleich dazuschreiben, sie ist genauso wie ich, sie ist ebenso gesund und sie denkt wie ich, sie sieht aus wie ich, da ist kein Unterschied. Wir sind Zwillinge.«

Als sie zu mir kam und sagte: »Wir fahren nach Israel!«, da stand schon das Datum der Abreise fest. Ich war völlig einverstanden. Unsere Amerikapläne hatten sich ja zerschlagen, die Schule hatte ich abgeschlossen, in Israel brauchte man uns und da waren schon so viele unserer Freunde und vor allem unser Bruder Benno, den wir acht Jahre lang nicht gesehen hatten und den wir über alles liebten. Ich hatte damals einen Freund, er war zehn Jahre älter als ich, in Lodz geboren und hatte in Russland überlebt. David Ligorski hatte ein Musikstudium begonnen und wir gingen oft zusammen in Konzerte. Er war ein feiner Mensch, aber für mich eher ein Brudererersatz und ich zögerte nicht, mich Ruth anzuschließen.

Nachdem wir uns entschieden hatten, ging alles ganz schnell. Ich besaß ja nicht viel, aber wir hätten sowieso nichts weiter mitnehmen können. Mit einer kleinen Tasche und einfacher Kleidung verließ ich den Sowjetischen Sektor. Natürlich hatte ich mich von allen in der Moltkestraße verabschiedet, sie waren mir in den vergangenen drei Jahren ans Herz gewachsen. Ich hatte sie lieb gewonnen und sie mich. Das Heim hatte mir viel gegeben, hier hatte ich wieder gelernt, als freier Mensch zu leben. Der Abschied war traurig und glücklich zugleich. Mit manchen aus der Moltkestraße blieb ich noch jahrelang in Verbindung, einige habe ich später in Israel wiedergesehen. Auch Herr Siegfried Baruch kam uns mehrmals besuchen, aber das konnte man ja nicht voraussehen. Viele der Kinder verließen damals ebenfalls das Heim, jüdische Hilfsorganisationen sammelten die Holocaustwaisen und brachten viele von ihnen über Holland nach Israel. David Schütz beispielsweise ist als Siebenjähriger nach Israel gekommen.

Es war die Zeit der Luftbrücke. Seit der Sechs-Mächte-Konferenz im Frühjahr 1948, auf der die Westanbindung Deutschlands beschlossen wurde, fühlten die sowjetischen Alliierten sich übergangen und reagierten mit Machtdemonstrationen. Dazu kam die im Juni von den Westalliierten einseitig eingeführte Währungsreform, die den Vorwand für weitere Maßnahmen der russischen Seite lieferte. So begann am 24. Juni 1948 die Berlin-Blockade durch die Sowjets. Alle Straßen- und Eisenbahnverbindungen nach West-Berlin waren gesperrt, der Strom wurde abgestellt. Die U. S. und die Royal Air Force richteten eine Luftbrücke ein, die bis zum Mai 1949 die eigenen Truppen und die in den Westsektoren lebende Bevölkerung, immerhin 2,2 Millionen Menschen, versorgte. Eine historische Leistung, die in die Geschichte einging. Aber damals war die Atmosphäre so angespannt, man wusste nicht, wie es weitergeht, die Gefahr eines Dritten Weltkrieges lag in der Luft. Alle spürten eine Bedrohung. Wer die Möglichkeit hatte, wegzukommen, war froh.

Und doch war es ein Einschnitt, ein großer Abschied. Ich weiß noch, wie ich in der U-Bahn saß und mit den Tränen kämpfte. Berlin war doch meine Heimatstadt, trotz allem. Bis 1945 hatte sich mein ganzes Leben zwischen der Oranienburger und der Fehrbelliner Straße und der Gegend dazwischen abgespielt, ich war ein Kind von Berlin-Mitte, jeder Hof, jede Straßenlaterne waren mir vertraut. Und in Niederschönhausen hatte ich ein neues Zuhause gefunden, es war, als ob ich einen Teil meiner Familie verlasse. Jedes Museum in Berlin kannte ich. Alle

Orte, an denen unsere Familie noch glücklich und vollständig gewesen war, ließ ich zurück, auch das Grab unserer Mutter. Und damals musste man glauben, niemals wiederzukommen. Heute fliegt man in ein paar Stunden von Tel Aviv nach Berlin, aber damals war so ein Abschied scheinbar ein Abschied für immer. Ich wollte ja nach Israel, aber das lag in einer anderen Welt. Ich saß da und dachte: Du fährst jetzt das letzte Mal mit der U-Bahn. Nun liefen mir doch die Tränen und ein älterer Berliner Mann sah das und fragte tröstend: »Haste Liebeskummer, Mädchen?« »Ach nein, aber ich verlasse Berlin«, antwortete ich und er meinte trocken: »Na denn sei doch zufrieden!«.

Aber so einfach war das nicht, ich ließ Gutes und Schlechtes zurück und hatte ja schon genug Abschiede erlebt. Immer wieder alles zu verlieren, ist kein leichtes Gefühl.

Aber Ruth, der es ähnlich ging, war ja bei mir, wir waren eine ganze Gruppe junger Menschen und teilten die teils freudige, teils sorgenvolle Erwartung dessen, was kommt. Aber alle hatten wir den Traum von Eretz Israel geträumt und die Freude überwog, etwas für das Land tun zu können. Die Sorgen um die Zukunft überdeckten wir mit Fröhlichkeit.

Vom Flughafen Tempelhof aus sind wir mit einem amerikanischen Frachtflugzeug ausgeflogen worden, das Kohlen nach Berlin transportiert hatte. Es war noch voller Kohlenstaub. Irgendwelche Sitzgelegenheiten gab es nicht, das Flugzeug war völlig leer, so setzten wir uns auf den schwarzen Fußboden. Das war mein erster Flug und mir war klar, alles, was jetzt kommt, wirst du zum ersten Mal erleben. Als wir in München ausstiegen, sahen wir wie die Schornsteinfeger aus.

Also suchten wir eine öffentliche Toilette, um uns zu waschen und die Kleider zu wechseln. München sah ganz anders aus als Berlin, alles schien so schön, so normal, gar nicht, als ob hier auch Krieg gewesen war. Da kam eine gut genährte Toilettenfrau mit einem weißen Kittel, einen schönen großen Besen hatte sie. Die musterte uns und fragte, woher wir kämen. »Aus Berlin.« »Dreckerte Saupreißen«, knurrte sie verächtlich. Wir mussten so lachen, dass wir uns lange nicht beruhigen konnten. »Dass wir Saujuden sind, wussten wir ja schon, aber dass wir Saupreußen sind, ist uns neu«, sagten wir der Toilettenfrau.

Noch lange lachten wir beim Gedanken an diesen letzten Gruß aus Deutschland. Aber eigentlich hinterließ er kein gutes Gefühl.

Mit der Bahn fuhren wir von München nach Frankfurt, von dort mit dem Zug nach Marseille. Dort wurden wir schon erwartet, unsere Berliner Gruppe wurde aufgeteilt, da waren noch mehr junge Leute aus allen europäischen Ländern. Wir wohnten in einer schönen Villa hoch in den Bergen mit Blick über das Meer, und wir sahen so prachtvolle Palmen und Blüten, deren Namen wir gar nicht kannten. An Marseille erinnere ich mich als eine wunderschöne Stadt. Es war ja schon Oktober, aber so ein Licht hatte ich noch nie gesehen. Tagsüber nahmen wir an Kursen teil, lernten Hebräisch, nicht das alte Hebräisch aus der Synagoge, sondern das moderne Iwrith. Auch militärische Übungen fanden statt. Dort waren junge israelische Männer, keine Eingewanderten, keine Diasporajuden, sondern Sabres, Jungs, die in Palästina geboren waren, deren Muttersprache Iwrith war. Die schienen mir so anders als unsere jungen Männer, die ja alle von Krieg, Verfolgung und Lagern gezeichnet waren, die Schweres, Niederdrückendes erlebt hatten. Diese jungen Israelis waren so selbstbewusst in ihren für uns ungewohnten Khakihosen, mit ihren braunen Mützen und Sandalen, die liebten ihr Heimatland, die hatten etwas, das zu verteidigen sich lohnte. Wunderschöne Jungen waren das, stark, gesund, sonnengebräunt, die machten auf mich einen phantastischen Eindruck. Gemeinsam sangen wir dort die *Hatikva*, die Nationalhymne. Hatikva heisst Hoffnung. Als die Fahne nach oben gezogen wurde, die blau-weiße Fahne mit dem Davidstern darin, habe ich nur geheult. Das war ein Moment, wie ihn jeder Mensch braucht. Man braucht das Gefühl der Zugehörigkeit, braucht Menschen, die zu einem gehören, ein Land. Ich stand da unter lauter Unbekannten und hatte doch das Gefühl der Verbundenheit mit ihnen, das Gefühl, mit ihnen gemeinsam auf dem Weg nach Hause zu sein.

Ja, so war das, auch wenn es heute anders aussieht. Damals glaubte ich, wir könnten hier eines Tages schön in Frieden zusammen leben, einer dem anderen helfen, mit allen Nachbarn könnten wir sehr gut sein. Ich war beinahe 18 Jahre alt, den Geburtstag habe ich schon in Israel gefeiert, in diesem Alter ist man idealistisch und voller Hoffnung.

Wir blieben nicht lange in Marseille. Aber wir machten auch einen Ausflug zu der Insel Monte Christo. Ich hatte ja den Roman von Alexandre Dumas gelesen, nun war ich verblüfft, dass es das tatsächlich gab, diese Insel, die Festung, den Keller für die Gefangenen. In diesen Tagen verwischten sich meine Vorstellungen aus der Literatur und die Wirklichkeit, das Geträumte schien Realität zu werden, die Realität war wie ein Traum.

Eines Morgens wurden wir um vier Uhr geweckt, es ging los. Heimlich still und leise kamen wir ans Wasser und da wartete ein Schiff, der Berliner würde sagen, eine Äppelkiste. Der Kapitän war Italiener, ein sehr netter alter Mann, der sollte diese Kiste also mit 400 jungen Menschen nach Israel bringen. Wir mussten einige Stufen in den Bauch des Schiffes herabsteigen, der war mit Brettern ausgelegt, wie riesige Regale sahen die Pritschen aus. Wir wurden hineingeschoben wie Sardinen in die Büchse und plötzlich verlor ich meine Schwester, alle lagen durcheinander, Männer und Frauen, einer am anderen. Aber ich war so müde, dass ich erst einmal einschlief. Als ich wieder aufwachte, hob ich den Kopf und stieß sofort an das Brett über mir. Ich konnte mich in der Enge nicht rühren. »Ruth, wo bist du?«, rief ich. »Regina, ich liege hier zwischen zwei Männern«, hörte ich. »Wie kommt man hier wieder raus?«, fragte ich laut. »Auf dem Bauch, du musst auf dem Bauch rauskriechen«, rief meine Schwester. Wir krochen also raus und das war gut so, denn wir waren schon auf dem Wasser, einige von uns wurden seekrank und mussten sich übergeben, das stank da unten fürchterlich. Ruth und ich blieben dann auf Deck, wir waren uns einig, auf keinen Fall wieder da runterzugehen. Es war ja unsere erste Schiffsreise, wir standen nur da und guckten auf das Meer, auf den Horizont, der wie eine Halbkugel wirkte. Das Blau des Himmels und die Farbe des Mittelmeers gingen scheinbar ineinander über, das Wasser glitzerte. Als die Sonne unterging, sangen wir: »Wenn bei Capri die Sonne im Meer versinkt …«. Tagsüber war herrlicher Sonnenschein und nachts regnete es nicht, wir schliefen auf dem blanken Boden unter einem Sternenhimmel, wie wir ihn noch nie gesehen hatten. Wir waren ganz überwältigt von diesem Anblick. Nach ein oder zwei Nächten sah der Steuermann, dass wir auch nachts an Deck blieben, wenn die anderen zum Schlafen in die Sardinenbüchse hinabkletterten. Er flüsterte uns zu: »Kommt mal mit.« Er bewohnte eine eigene Kajüte, aber wenn er Dienst hatte, durften wir uns dort ausschlafen. Das war wunderbar.

Plötzlich machte man über Lautsprecher eine Durchsage, eine Krankenschwester würde gesucht. Ich war ja höchstens eine Säuglingspflegerin, eine Kinderschwester, aber ich dachte, ich kann mich ja melden, vielleicht braucht man doch meine Hilfe. So war es auch, eine richtige Krankenschwester war nicht an Bord und so übernahm ich auf diesem Schiff für einige Tage diese Aufgabe. Der Arzt, dem ich helfen sollte, hatte Auschwitz überlebt, seine Frau war umgekommen. Aber das Töchterchen hatten sie in einem polnischen Kloster versteckt und mit diesem Kind fuhr er nun nach Israel. Auf diesem Schiff waren fast nur junge Leute, aber auch zwei ältere Elternpaare. Es war ja selten, dass beide Eheleute am Leben geblieben sind. Nun war Jom Kippur, unser höchster Feiertag, und alle fasteten. Auch diese älteren Leute natürlich, der Vater stand mit einem Tallit um die Schultern an Deck und betete. Alle beteten, es war ganz still an Bord. Ich musste dem betenden Mann seine Medikamente bringen und sagte ihm auf Jiddisch, er solle sie einnehmen. Er weigerte sich: »Nayn shvester, hayt iz yom kippur, man fastet.« Ich erwiderte ihm, dass das nicht stimme, ein Kranker dürfe durchaus seine Medikamente nehmen und sogar essen am Jom Kippur. Und auch eine Krankenschwester dürfe arbeiten. Er nahm die Medikamente, bedankte sich und sagte: »Shvester, ir vird ayre arbet tin un ik ver fir aykh betn.« [Schwester, tu weiter deine Arbeit und ich werde für dich beten.] Ich drehte mich um und weinte, so sehr ergriff mich dieser Moment. Vor meinen Augen stand die Synagoge in der Oranienburger Straße. Auch dort hatten Menschen so inbrünstig gebetet, in den Jahren 1939 und 1940, als es keinen Weg mehr gab, Deutschland zu verlassen. Auch dort hatten sie am Jom Kippur gefastet, schon gedemütigt und erniedrigt und in banger Erwartung des Kommenden. Solche Männer wie dieser waren durch die Straßen meiner Kindheit gegangen, wo waren sie heute? Da steht nun dieser Mann vor dem Horizont, wir sind auf dem Weg ins Heilige Land, der Himmel ist blau und endlos wie das Meer, der Mann steht da wie ein Symbol und betet. Betet auch für mich. Diesen Moment werde ich niemals in meinem Leben vergessen.

Wir kamen also in Israel an und wurden in ein Einwandererlager in Beth Lit aufgenommen, das lag zwischen Haifa und Tel Aviv. Viele Jungen, die mit uns auf dem Schiff waren, sind gleich am nächsten Tag mit Jeeps zum Militär geholt worden, haben gekämpft und einige sind bei Latrun gefallen. Heute kennt keiner mehr ihre Namen, sie hatten niemanden hier im Land, nirgends hatten sie jemanden, sie waren die einzigen Überlebenden ihrer Familien. Man hat Ben Gurion später vorgeworfen, dass er diese jungen Männer, die gerade den Holocaust überlebt hatten, die eben aus Europa gekommen waren, in den Kampf geschickt hat. Aber ich sehe das anders, das war ihr Wille, niemand hat sie gezwungen. Man hat sie gefragt und sie sind gegangen, sie wollten um dieses Land kämpfen, weil sie wussten, das jüdische Volk braucht sein Land, ohne ein Land wäre es ausgeliefert, wehrlos, das wusste jeder auf dieser Welt. Natürlich war es nicht ihr Wille, in den Tod zu gehen, kein Soldat weiß, wer am Leben bleibt und wer stirbt. Doch viele von ihnen sind gefallen, weil sie nicht gut genug Hebräisch konnten und die Befehle nicht verstanden haben. Meine Schwester und mich haben sie im Lager gelassen, weil wir Mädchen waren. Mittags wurde Essen ausgegeben und es gab ein ›Meeting‹. Nachts heulten kleine Kinder. Ich lief aufgeregt zu einem der Wachhabenden, wie könne man Säuglinge so lange schreien lassen, ohne sie zu beruhigen. Lachend erklärte er mir, das seien Schakale, ich solle keine Angst haben, die kämen nicht ins Lager. Nach ein paar Tagen wandte Ruth sich an die Lagerleitung, die für uns verantwortlich war, und sagte, sie wolle zum Kibbuz Buchenwald fahren, weil dort unser Bruder sei. Sie sei bereit, sich dem Militär zur Verfügung zu stellen, aber erst einmal wolle sie unseren Bruder treffen, ihn zu uns holen. Den hatten wir vor unserer plötzlichen Abreise nicht benachrichtigt, der wusste gar nicht, dass seine Schwestern unterwegs nach Israel und nun angekommen waren. Ihr wurde das erlaubt und sie machte sich auf den Weg.

Es war ja Krieg, der erste von so vielen, der Unabhängigkeitskrieg, der erst 1949 mit einem Waffenstillstand endete. Damals hofften wir, es würde der letzte sein. Geordnete Busverbindungen gab es nicht, Ruth fuhr mit LKW per Anhalter.

Wir wussten, dass unser Bruder und seine Freunde den Kibbuz Afikim verlassen und im Juni 1948 endlich ihren eigenen Kibbuz Buchenwald gegründet hatten. Er liegt im judäischen Hügelland Schefela zwischen Ness Ziona, Rechovot und Be èr Yaàkow. Damals war er von Schützengräben umgeben. Es war eine Reise mit Hindernissen, bis Ruth dort eintraf, aber sie hat es geschafft. Sie hat oft erzählt, wie sie auf das Gebäude zuging und da stand unser Bruder draußen mit einem kleinen Jungen auf dem Arm, seinem Sohn Jaakob. Sie erkannte ihn schon von weitem und flog auf ihn zu.

Ich war ja im Lager geblieben und wartete ungeduldig auf die beiden. Aber eine Nacht verging und sie kamen nicht, ich war schon ganz besorgt, aber man sagte mir, ich solle mich gedulden, der Kibbuz sei ziemlich weit und sie würden schon noch kommen. Am übernächsten Mittag stand ich bei der Essensausgabe an, als jemand in mein Ohr sagte: »Ginchen.« Das war Benno, ach, wir haben uns umarmt – und geweint haben wir auch. Beinahe neun Jahre waren vergangen, seitdem wir drei am Sterbebett unserer Mutter gesessen hatten. Danach war unser großer Bruder nach Schniebinchen gegangen, seitdem hatten wir ihn nur kurz am Fenster in der Großen Hamburger Straße gesehen, nun war er ein Mann, ein Israeli, ein Familienvater, und auch wir waren erwachsen geworden. Es hat noch eine Weile gedauert, bis wir ihm klarmachen konnten, dass wir nicht mehr die kleinen Püppchen waren, auf die man immer aufpassen muss. Aber erst einmal waren wir froh, dass er alles für uns regelte. Unser Bruder hatte inzwischen mit meiner Schwester besprochen, dass wir auch in den Kibbuz kommen sollten, dort gab es zu wenige Frauen und überhaupt fehlten Arbeitskräfte. Er meinte, ein Militärlager käme für seine Schwestern nicht in Frage, außerdem hatte auch der Kibbuz militärische Aufgaben zu erfüllen. Es gelang ihm, alle Formalitäten zu erledigen, und er nahm uns gleich mit in den Kibbuz Buchenwald.

## ANKUNFT IM KIBBUZ

An dieser Stelle könnte ich meine Überlebensgeschichte beenden. Wir waren angekommen, Deutschland und die Jahre der Verfolgung lagen hinter uns. Ein neues, ganz anderes Leben stand uns bevor und wir waren jung und gesund genug, um uns dem ganz hinzugeben.

Aber alles, was seitdem geschah, hat mit den Erfahrungen der Verfolgung zu tun. Nicht nur wir, auch unsere alten und neuen Freunde, die die Schoah überlebt haben, tragen ihre Erinnerungen in sich und wir haben sie, oft wortlos, an unsere Kinder weitergegeben. Es gibt Zeiten, in denen man diese Erinnerungen beherrschen kann, und Zeiten, Stunden und Minuten, in denen einen die Ängste einfach überwältigen. Diese Erfahrung machten wir alle – und auch meiner Schwester Ruth und mir blieb sie nicht erspart.

Aber als wir, gerade 18-jährig, im Kibbuz unseres Bruders ankamen, waren wir einfach nur glücklich.

Gleich nach der Ankunft lernten wir unsere Schwägerin Ziwa kennen, mit der wir uns sofort herzlich verbunden fühlten. Benno und Ziwa, die sich nach der Befreiung in Bergen-Belsen kennengelernt hatten, haben nach ihrer Ankunft im Kibbuz Afikim geheiratet. In ihrer langen Ehe wurden sie dann Eltern von drei Kindern und neun Enkelkindern. Für Ruth und mich ist Ziwa eine treue und teure Verwandte, wir haben uns das ganze Leben lang gegenseitig geholfen, geliebt und respektiert. Benno starb vor einigen Jahren, Ziwa ist heute 90 Jahre alt und lebt in unserer Nachbarschaft.

Die unverheirateten Mitglieder des Kibbuz lebten in Gemeinschaftsunterkünften, doch Ziwa und Benno bewohnten damals ein eigenes kleines Zimmer. Für uns hatten sie ihr Zimmer mit dem Doppelbett geräumt, schliefen selbst in einem Zelt. Ziwa hatte den Raum mit Blumen geschmückt, an der Vase lehnte eine Karte mit einem Willkommensgruß. Auf dem Tisch stand ein Foto unserer Eltern. Ruth und ich bekamen erst gar nicht mit, dass dies Ziwas und Bennos Zimmer war. Als wir es nach einigen Tagen begriffen, weigerten wir uns, den Raum weiter zu belegen. Aber es gab keinen Platz mehr in dem Gebäude. Damit wir nicht im Zelt schlafen müssten, bekamen wir eine kleine fensterlose Kammer zugewiesen, die hinter einem Dachzimmer für Junggesellen in einem alten Gebäude lag. Benno schlug ein kleines Fenster in die dicken Sandsteinmauern, damit wir etwas Licht dort hatten.

Ich hatte ja gehofft, als Kinderschwester im Kibbuz arbeiten zu können, aber dort gab es nur zwei kleine Kinder, eines war Jaakob, unser Neffe, das andere Amos, das Söhnchen von Hilde und Piese. Eine Krankenschwester hatten sie, das war Ziwa. Jeder arbeitete dort, wo er gebraucht wurde. Aber da Ruth und ich für den Gemüseanbau und die Landwirtschaft nicht besonders taugten, wurden wir meistens zu Reinigungsarbeiten eingeteilt, ich erinnere mich an die runden, schwer zu reinigenden englischen Feldtoiletten. Auch in der Wäscherei gab es für uns zu tun und in der Küche. Manchmal arbeiteten wir im Gemüsegarten. Es war kein leichtes Leben. Alle Mitglieder des Kibbuz waren Überlebende der Schoah und fast alle waren schon vor ihrer Lagerzeit auf ›Hachscharah‹ gewesen. Einige waren aus Berlin. Zu ihnen gehörte Hilde, die mit Ernst Zimche, genannt Piese, verheiratet war, sie hatte die Mittelschule in der Großen Hamburger Straße besucht. Damals hieß sie noch Hilde Grünbaum. Sie war sieben Jahre älter als ich, ich hatte sie vorher nicht gekannt, aber auch sie hatte den wunderbaren Alfred Löwy, unseren Stifte, zum Musiklehrer gehabt und konnte Geige spielen. Von Hilde erfuhr ich, dass es in Auschwitz schon seit dem Frühjahr 1943 ein Mädchenorchester gegeben hatte. Hilde war die erste Jüdin, die dort aufgenommen wurde. Lange hatte sie überlegt und sich mit Kameradinnen beraten, ob man das tun solle, in einem Vernichtungslager Brahms und Monti, Sarasate, Verdi, Lehar und Schubert spielen. Auch der Lagerkommandant Josef Kramer und der berüchtigte Mengele ließen sich von den Musikerinnen dieses Orchesters klassische Musik vorspielen, der Lagerkommandant liebte *Die Träumerei* von Schumann besonders.

Aber das Orchester hat Hilde das Leben gerettet und auch, wie ich zu meiner unbeschreiblichen Freude erfuhr, den Schwestern Sylvia und Carla Wagenberg. Hilde holte sie ins Orchester nach, sie haben dort gespielt. Außerdem überlebte noch ein Mädchen, das an der Großen Hamburger Straße Schülerin gewesen war, Stiftes Nichte Esther Löwy. Sie spielte Akkordeon und hatte eine gute Stimme. Heute lebt sie als Esther Bejarano in Deutschland und ist eine bekannte und engagierte Sängerin. Sylvia, Carla und Hilde sind nach der Befreiung auch in Gehringshof mit den anderen aus der ›Hachscharah‹-Bewegung zusammengetroffen, sie haben den Kibbuz Buchenwald mitgegründet und Sylvia und Hilde sind mit der Gruppe, zu der auch Benno gehörte, nach Palästina gekommen. Sylvia hatte auch im Kibbuz Afikim gelebt, sich dort in einen Israeli verliebt, der Mitglied des ›Palmach‹ war, einer Eliteeinheit der ›Haganah‹ zur Mandatszeit. Er lehrte sie Iwrith und war nun ihr Mann. Mit ihm und dem Söhnchen wohnte sie in Petach Tikwa, weil dort die Eltern ihres Mannes lebten. Ihre Schwester Carla Wagenberg war 1946 nach Haifa gekommen. Sie heiratete dort, änderte ihren Namen, jetzt war sie Tamar Berger und Mutter eines Sohnes.

Bei der ersten sich bietenden Gelegenheit fuhr ich nach Petach Tikwa zu Sylvia, meiner Zimmergefährtin und Freundin aus der Fehrbelliner Straße, die jetzt Schulamith Beeri hieß. Das Wiedersehen mit ihr gehört zu den unvergesslichen, schönen Erlebnissen meines Lebens. Sie empfing mich mit einem Baby auf dem Arm, eine junge Mutter, lebendig, wie sie immer gewesen war.

Wir hörten nicht auf, über die anderen Kinder und unsere Erzieherinnen zu sprechen, über die, denen ein solches Wiedersehen nicht vergönnt war. Mit Schulamith blieb ich bis zu ihrem Tod in Freundschaft verbunden. Auch wenn wir bei unseren späteren Treffen nicht immer über Berlin und die Zeit der Schoah sprachen, so waren doch die, die nicht aus Riga und Auschwitz zurückgekommen sind, jederzeit bei uns. Die Erinnerung an die Toten und an die Zeit im Kinderheim hat uns verbunden, aber als Erwachsene erlebten wir auch vieles Schönes, erlebten vieles gemeinsam mit unseren Familien.

Schulamith war eine besonders starke, mutige Frau. Sie bekam noch einen zweiten Sohn, holte Schulabschlüsse nach, erlernte den Beruf einer Chemielaborantin. Aber ihre Ehe zerbrach und sie blieb mit den Jungen Avri und Deddy zurück, arbeitete weiter als Laborantin, erwarb einen ›Master‹ in Biologie und Chemie und arbeitete an der Landwirtschaftlichen Universität in der Stadt Rechovot in einem sehr wichtigen Laboratorium, war die rechte Hand der Professorin Jehudith Birk. Ihr zweiter Mann war auch Wissenschaftler, er hieß Khalef. Schulamith bekam einen dritten Sohn, Erez. Ihr Mann starb leider schon 1981. Sie hat ihn lange gepflegt. Ihre Freundschaft bedeutete mir viel. Als sie 2003, mit 75 Jahren, an Krebs erkrankte, bekam sie mehrere Chemotherapien. Ich war damals schon pensioniert und habe sie zu jeder Behandlung begleitet. Anschließend brachte ich sie gemeinsam mit ihrer philippinischen Pflegerin nach Hause.

In dieser Zeit hat sie mir ihre Erinnerungen diktiert, weil sie selbst schon nicht mehr schreiben konnte. Aber sie wollte, dass ihre Erinnerungen nicht verlorengehen. Ich habe das Manuskript nach Berlin weitergegeben, an Inge Franken, die es in ihr Buch über das Kinderheim in der Fehrbelliner Straße aufgenommen hat. So erfuhr ich auch Einzelheiten, über die wir niemals zuvor gesprochen haben.

Ihre Ankunft in Auschwitz-Birkenau hat sie beschrieben. Die SS-Leute mit den Hunden, die »Schnell, schnell!« brüllten. Die Selektionen, die stundenlangen Appelle. Den Geruch der im Krematorium brennenden Leichen, der sie ihr ganzes Leben lang verfolgte. Die Arbeit in einer Munitionsfabrik, das Steineschleppen in einem sinnlosen Kommando. Den Glücksfall, dass Hilde, mit der sie sich schon auf der Fahrt nach Auschwitz angefreundet hatte, dafür sorgen konnte, dass sie und Carla sowie später auch Esther ins Mädchenorchester aufgenommen wurden, wo ihre Chance zu überleben größer war als in den Arbeitskommandos. Sylvia war das jüngste Mitglied dieses Orchesters, anfangs erst 15 Jahre alt. »Wir spielten beim Ausmarsch zur Arbeit und beim Rückmarsch ins Lager. Viele schreckliche Sachen sind dort passiert. Von einer möchte ich berichten. Wir mussten im schnellen Marsch gehen, als eine SS-Frau bemerkte, dass ein Mädchen nicht Schritt hielt. Sie gab ihrem Hund den Befehl, das arme Mädchen zu überfallen. Der tobende Hund zerriss sie in Stücke.«

Sylvia Wagenberg erkrankte im Sommer 1943 an Typhus, aber weil sie Orchestermitglied war, wurde sie nicht gleich ins Gas geschickt, sondern konnte im Krankenrevier genesen. Die Leiterin des Orchesters war die bekannte österreichische Musikerin Alma Rosé, eine Nichte Gustav Mahlers. Auch sie war Häftling. Als sie 1944 starb, übernahm eine Russin namens Sonja Winogradowa das Orchester. Sie war ebenfalls Häftling, aber sie konnte Bedingungen stellen und verlangte, dass die Jüdinnen das Orchester verlassen. So wurden Sylvia, ihre Schwester und auch Hilde im November 1944 nach Bergen-Belsen gebracht. Esther war zur Zwangsarbeit nach Ravensbrück geschickt worden. In Bergen-Belsen teilten Hilde und Sylvia sich eine Pritsche. Die Mädchen kümmerten sich umeinander, halfen sich gegenseitig, ohne diese menschliche Stärke hätte wohl keine von ihnen überlebt. Hilde Grünbaum hatte irgendwoher eine Ausgabe von Goethes *Faust* und Rilkes *Stundenbuch*, daraus las sie den anderen zum Sabbat vor.

In Auschwitz begegnete Sylvia auch ihrer geliebten und verehrten Erzieherin, ihrem Vormund Gertrud Feiertag, wieder. Sie hat mir von dieser Begegnung auf dem Krankenrevier erzählt. Ihr selbst ging es schon besser, als eine der Kranken sie mit schwacher Stimme rief, das war die bereits todkranke, abgemagerte »Tante Trude«, die ehemalige Leiterin von Caputh. Sie war am 17. Mai 1943 nach Theresienstadt deportiert worden, von dort hatte man sie nach Auschwitz gebracht. Sylvia konnte sich von dieser Frau, die so viel für sie getan hatte, wenigstens verabschieden. Am nächsten Tag, Jom Kippur 1943, wurde sie in die Gaskammer geschickt.

Auch von meinem Bruder Benno wusste ich, wie es ihm ergangen war am absoluten Tiefpunkt seines Lebens, nach der Ankunft in Auschwitz. Er war ja erst 16 Jahre alt und auf diese Hölle war kein Mensch vorbereitet. Nackt, kahl rasiert stand er mit den anderen in der Schlange, um eine Nummer in den linken Arm eintätowiert zu bekommen. Er dachte: Nun bin ich kein Mensch mehr, nur ein Tier. So wurden sie behandelt. In dieser Zeit hat er sich immer ein Gedicht aufgesagt, das wir nun auch von ihm hörten. Er nannte es *Trost in schwerer Lagerzeit*: »Eines jedoch weiß ich und gibt mir Kraft und Zuversicht: Keine Nacht war so dunkel, dass nicht gesiegt hat das Licht. Keines Winters Eis so feste, dass der Lenz es nicht bricht. Keine Kerkermauern so ewig, dass die Zeit sie nicht zerrieb.«

Später schrieb er über diese Zeit: »Ohnmächtig und wie gelähmt stand man dieser riesigen Maschinerie gegenüber, vollkommen verstört durch das unendliche Leiden und die Aufhebung aller Menschenwürde. Und hier begann der wahre Kampf, die heroische Schlacht des Menschen darum, ein Mensch zu bleiben, der Kampf um die Menschlichkeit. Wir, die wir aus den Hachscharot kamen, haben diese schwere Prüfung bestanden. Das Gefühl der Zusammengehörigkeit, die Freundschaft und die gegenseitige Unterstützung halfen uns dabei.«

Diese Freundschaft, dieser Zusammenhalt wirkte nach der Befreiung weiter und das war auch, was den Kibbuz Buchenwald zusammenhielt, trotz aller Probleme, die sich im Alltag unweigerlich einstellten.

Die meisten, die hier lebten, hatten schon immer von einem Leben im Kibbuz geträumt, aber Ruth und ich, so sehr wir uns mit den Gefährten unseres Bruders verbunden fühlten, waren mit anderen Träumen groß geworden. Erst einmal aber taten wir alles, um uns ins Kollektiv einzufügen.

Als zwei junge Mädchen, noch dazu als Zwillinge, hatten wir es in dieser Gesellschaft hauptsächlich junger Männer nicht schwer, Aufmerksamkeit und Zuwendung zu bekommen. Es fehlte uns nicht an Verehrern. Aber wir beachteteten diese Jungen in den kurzen Arbeitshosen mit den sandverklebten Stiefeln gar nicht. Dabei haben wir wenig später beide einen solchen Jüngling geheiratet und sind bis heute mit ihm durchs Leben gegangen.

Mein, was ich damals aber noch nicht ahnte, zukünftiger Mann, war der Leiter des Gemüseanbaus im Kibbuz. Das war eine schwierige Aufgabe, hier gab es nur kargen Sandboden. Zwi hatte das Nötigste selbst erst im Kibbuz Afikim erlernt, aber dort im Jordantal war der Boden fruchtbar gewesen. Er arbeitete viel. Zwi, eigentlich Helmut Steinitz, stammte aus Posen, sein Vater war dort Studienrat am deutschen Schiller-Gymnasium gewesen. Bis 1936, dann wurde er, obwohl ein beliebter und anerkannter Pädagoge, als Jude nicht mehr an einem deutschen Gymnasium geduldet. Helmut war zwölf Jahre alt, als seine behütete Kindheit endete und sein Leidensweg durch das Krakauer Ghetto und verschiedene deutsche Konzentrationslager begann, der erst im Mai 1945 mit der Befreiung endete, auf dem ›Todesmarsch‹ von Sachsenhausen vor Schwerin. Von seinem Vater, seiner Mutter und seinem jüngeren Bruder war er an seinem 15. Geburtstag getrennt worden, sie wurden in Belzec ermordet. Er hatte nicht zur zionistischen Jugendbewegung gehört, aber nach der Befreiung hebräisierte er seinen deutschen Vornamen und schloss sich den Mitgliedern des Kibbuz Buchenwald an, die über Antwerpen im März 1946 im Kibbuz Afikim ankamen. Zwi war ein kluger, sehr zurückhaltender junger Mann, sehr geachtet und Mitglied verschiedener Leitungsgremien. In seiner Freizeit saß er gern allein am einzigen Radio des Kibbuz und hörte klassische Musik. Da man seine Vorliebe für diese Musiksendungen des Senders *Kol Jeruschalajim* kannte, stand das Radio in der Schlafkammer, die er mit einigen anderen teilte. Die war das Durchgangszimmer, hinter dem Ruths und meine Dachkammer lag. Wir mussten also mehrmals täglich diesen Raum durchqueren, dadurch ergaben sich Begegnungen und Gespräche. Wenn ich von der Arbeit kam, bemerkte ich, dass Zwi Musik von Mozart, Beethoven und anderen Komponisten hörte, die ich liebte. Zwi las auch viel, er hatte im Kibbuz Afikim Hebräisch gelernt und konnte hebräische Bücher lesen, aber ich sah auch deutsche Literatur bei ihm, die mich interessierte. Er lieh mir Bücher und nach einiger Zeit setzte ich mich zu ihm, um mit ihm zusammen Musik zu hören. Zwi war, im Gegensatz zu mir, nicht sehr gesprächig. Aber wir hatten so viel Gemeinsames, vor allem fühlten wir beide, dass die Freundschaft zu den Kameraden nicht die Leere ausfüllte, die der frühe Verlust unserer Familien hinterlassen hatte. Beide waren wir in der deutschen Kultur und Muttersprache aufgewachsen, auch das verband uns. Unsere Liebe entfaltete sich langsam, aber dann ergriff sie uns ganz und wir waren uns beide vollkommen sicher, zusammenzugehören. Trotz unserer Jugend waren wir beide reife Menschen, die einander brauchten nach den Jahren des Alleinseins. Nach einem halben Jahr heirateten wir.

Nach unserer Heirat bekamen auch wir ein gemeinsames Zimmer. Aber Zwi arbeitete weiter von früh bis spätabends, ich war viel allein. Ruth wohnte jetzt mit anderen unverheirateten Mädchen in einem Zimmer, mit denen sie viel unternahm. Benno hatte seine Familie und alle waren beschäftigt.

Eigentlich ging es mir gut, so gut wie kaum in den Jahren zuvor: Ich lebte in Israel, umgeben von Menschen, mit denen ich vieles teilte, ich hatte meine Schwester und meinen Bruder in der Nähe, mein Vater und mein anderer Bruder standen mit uns in Verbindung, ich hatte einen Platz gefunden, den mir niemand streitig machte, vor allem hatte ich einen Ehemann, den ich liebte.

So paradox es ist, gerade in diesem Moment, in dem mein Leben sich hätte entfalten können, bin ich seelisch zusammengebrochen. Ich litt unter Ängsten, konnte nicht mehr lachen, nicht mehr essen, musste mich oft übergeben. Ich konnte mich selbst nicht verstehen und habe auch niemandem etwas davon gesagt, auch meinem Mann nicht. Da gab es solche Abende im Kibbuz, an denen man sich traf, lachte, israelische Volkstänze tanzte, ich habe gar nicht mehr verstanden, wie man so fröhlich sein kann, meine Gedanken waren nur düster. Es waren die Zeichen einer Depression, aber das wusste ich nicht. Meine Schwägerin Ziwa, die Krankenschwester, war es, der ich meinen Zustand anvertraute und die mit mir nach Tel Aviv in eine psychiatrische Tagesklinik fuhr. Dort konnte ich gar nicht reden, nur weinen. Ich hätte auch gar nicht gewusst, was ich sagen soll. Aber ich hatte das Glück, dass sie mich in ein psychiatrisches Krankenhaus brachten, dort nahm mich ein Professor Winnik auf. Es war ein Glück, dass sie alle dort Deutsch sprachen, denn mein Hebräisch hätte nicht ausgereicht. Fast alle Ärzte waren aus Deutschland eingewandert. Dieser Professor Winnik stand auf, nahm mich in den Arm und sagte: »Kind, wenn du nicht sprichst, kann ich dir nicht helfen.« So erzählte ich ihm dann das, was ich hier schon berichtet habe und noch manches andere meiner Erlebnisse vor der Befreiung, über die ich hier nicht berichten möchte. Er hörte zu und meinte, ich hätte einen Nervenzusammenbruch, aber unter die Kranken seiner Klinik würde ich nicht gehören. Er überwies mich dann in eine Art Sanatorium, das hieß *Schalwata*, heute steht dort ein großes Krankenhaus für psychisch Erkrankte, damals war da nur eine kleine Villa mit einem wunderschönen Orangengarten. In der Nachbarschaft gab es eine Zitrusplantage, die einen betörenden Duft verströmte. Die Leiterin war auch aus Deutschland, eine erstklassige Psychiaterin namens Frau Doktor Joffe, später war sie eine auf ihrem Gebiet berühmte Professorin. Dort wurde ich aufgenommen, kam zur Ruhe, machte Handarbeiten und hatte jeden Tag therapeutische Gespräche.

Dort sprach ich alles aus. Auch mein Mann und sogar mein Bruder und meine Schwester waren in die Therapie einbezogen, mussten Tests machen. Die Ärzte diagnostizierten eine Angstneurose, ausgelöst durch die frühe Trennung vom Vater, durch den sich über Monate hinziehenden Tod meiner Mutter, durch die Erlebnisse in der Zeit der Verfolgung, durch all die Verluste. Sie sagten, es sei gar nicht ungewöhnlich, dass nach der Heirat mit Zwi und durch die Liebe und Geborgenheit, die ich dadurch erfuhr, alles aufgebrochen sei. Ich habe ja immer zu Zwi gesagt: »Du bist mein Vater, mein Freund und mein Geliebter.« Dabei war er selbst schwer traumatisiert. Aber bei ihm kam das alles erst nach Jahrzehnten zum Ausdruck, er hat dann auch Hilfe gesucht und vor allem hat er mehrere Bücher geschrieben, in denen er seine Erfahrungen aufschrieb und damit verarbeitete.

Zwei Monate blieb ich in diesem Sanatorium, habe viel geschlafen und viel gegessen, ganz dick bin ich dort geworden. Zwi kam mich besuchen und wir sind in diesen duftenden Orangenhainen spazieren gegangen, haben uns an verborgenen Orten in dieser herrlichen Natur umarmt und geküsst – unvergessliche Momente, an die wir uns noch heute als alte Menschen erinnern.

Nach zwei Monaten wurde ich entlassen, aber überwiesen an eine Psychotherapeutin, die in meinem Leben eine wichtige Rolle spielte und darum auch hier erwähnt werden muss. Dr. Anne Wilmersdorfer war eigentlich Kinderärztin, aber auch Psychotherapeutin. Sie wohnte in Ramat Gan, war selbst Mutter von drei Kindern. Ihr Mann war Internist und Gynäkologe, sie kamen aus Würzburg, waren aber schon 1934 nach Israel emigriert, nachdem sie als jüdische Ärzte ihre Stellen verloren hatten. Ihre Praxisräume lagen in ihrer Wohnung, nachts waren sie Wohn- und Schlafzimmer des Ehepaars. So waren damals die Bedingungen hier im Land, sie haben sich nicht beklagt. Diese beiden haben sehr viel Gutes getan, auch für mich. Manchmal empfing sie mich schon früh um sechs Uhr, normalerweise öffnete sie erst um halb neun. Jahrelang war sie mir eine große Hilfe, erst ging ich dreimal in der Woche zu ihr, dann zweimal, schließlich nur noch alle 14 Tage. Jahrelang ging diese Psychotherapie, und ich war auch darüber hinaus sehr mit ihr befreundet. 93 Jahre wurde sie alt, ihr Mann war schon früher gestorben, sie lebte in einem Altenheim, dort habe ich sie oft besucht. Dabei hielten wir Distanz, sie durfte für mich kein Mutterersatz sein. Immer haben wir »Sie« zueinander gesagt, auch als ich schon längst keine Psychotherapie mehr nötig hatte. Natürlich habe ich meine liebe junge Mutter vermisst, mein Leben lang. Sie stand nicht neben mir, als ich Zwi heiratete, sie war nicht bei der Geburt meiner Kinder dabei. Sie konnte nicht die Großmutter für ihre Enkelkinder sein. Ihre Abwesenheit habe ich immer gespürt, ebenso wie die meines Vaters.

Aber Frau Dr. Wilmersdorfer hat mir geholfen, mit diesem Verlust fertig zu werden, sie war für mich da, hat mich verstanden und gestärkt. Ohne sie hätte ich wohl nicht erreicht, was ich im Leben geschafft habe. Sie hat mich zu meinem Studium ermuntert und darin bestärkt, ein Diplom als Krankenschwester abzulegen, auch wenn das für mich und meine Familie eine jahrelange Belastung war. Sie hat an mein Potential geglaubt und immer gesagt: »Regina, das werden Sie doch schaffen.«

Sie war ein lebenserfahrener Mensch und ich noch eine sehr junge Frau, die ihr Eheleben gerade begann. Sie hat mir den Weg gezeigt, ein glückliches Leben mit meiner Familie zu führen, und stärkte mein Verständnis für mich selbst und meine Empathie für andere Menschen.

Ich hatte so ein Glück, dass ich diese Hilfe und dass ich sie bereits mit 19 Jahren fand. Denn sehr viele Schoahüberlebende, die nach Israel gekommen sind, haben diese Hilfe nicht gefunden, sie wussten nicht einmal, dass ihre Depressionen, ihre negativen und destruktiven Gefühle mit dem Erlebten zusammenhingen. Manche konnten nicht mehr weiterleben. Und mein Glück war auch, dass die Ärzte, die mir halfen, aus Deutschland gekommen waren, Jeckes, dass wir eine Sprache hatten, denn auf Iwrith hätte ich noch lange nicht ausdrücken können, was in mir war. Dass ich meine Ausbildung so erfolgreich beendete, dass ich so viele Jahre mit Liebe und Freude in meinem Beruf arbeitete, dass ich Anerkennung fand und nicht zuletzt meine Kinder zu wunderbaren Menschen aufziehen konnte, das verdanke ich auch diesen Ärzten, Professor Winnik, Frau Professor Joffe und meiner verehrten Frau Dr. Wilmersdorfer.

## AUFBRUCH IN DEN ALLTAG

Zu berichten ist noch, dass Zwi und ich 1951 den Kibbuz verließen. Damals arbeitete ich schon außerhalb als Krankenpflegerin in einer Kinderabteilung. Es gab ein großes Einwandererlager in der Nähe, in Be èr Yaàkow, das war ein Militärlager der Engländer gewesen, jetzt lebten da einige Tausend Menschen, die nach Israel einwandern wollten. Man brauchte dort Krankenpfleger, sie wurden dort auch ausgebildet, das dauerte anderthalb Jahre. Meine Schwester meldete sich für eine solche Ausbildung an, sie verließ schon vor uns den Kibbuz. Anderthalb Jahre lebte sie dort in einem Zelt, zusammen mit jungen Frauen aus allen Ländern. Sie kamen aus Rumänien, Polen, Deutschland, Marokko, aus Tunesien, Libyen, überallher, aber die Unterschiede waren nicht wichtig, sie schmolzen zusammen, Iwrith war ihre gemeinsame Sprache. Ruth legte ihr Diplom mit besten Noten ab. Ich arbeitete auch dort, mein Gehalt bekam der Kibbuz. Zwi fiel der Entschluss, den Kibbuz zu verlassen, schwer. Für ihn war der Kibbuz Buchenwald nach der Befreiung ein Halt, ein Zuhause gewesen. Ihm entsprach die kollektive Lebensweise mehr als Ruth und mir, die zionistischen Ideale waren auch seine geworden. Bis heute ist er stolz, einer der Gründer des Kibbuz Netzer Sereni gewesen zu sein. Diesen Namen trägt der Kibbuz Buchenwald seit den 1950er Jahren. Netzer ist ein junger Spross, der aus einem abgebrochenen Baum wächst und der italienischstämmige Enzo Sereni war ein Mitbegründer des Kibbuz Givat Brenner, aus dem 1951 eine Gruppe übersiedelte. Sereni hat als Fallschirmspringer gegen

Hitler gekämpft und wurde im KZ Dachau ermordet. Der Kibbuz hat sich sehr verändert, so wie sich die ganze israelische Gesellschaft verändert hat. Seit 1999 wurden die meisten Formen genossenschaftlichen Wirtschaftens aufgegeben. Auch Benno und Ziwa haben Netzer Sereni nach mehr als drei Jahrzehnten verlassen, weil ihre Kinder und Enkel in Tel Aviv lebten und sie in ihrer Nähe sein wollten. Bis zu seinem Tod lebte Benno dicht bei uns, seinen Schwestern und Schwagern, und noch heute wohnt Ziwa nebenan. Im Kibbuz aber gibt es noch immer einige von unseren damaligen Gefährten und noch immer sind wir mit ihnen befreundet, zu bestimmten Anlässen treffen wir uns.

Als wir den Kibbuz 1951 verlassen hatten, arbeitete ich weiter in dem Krankenhaus auf der Kinderstation, doch für Zwi war es anfangs sehr schwer, eine passende Arbeit zu finden. In normalen Zeiten hätte er das Abitur abgelegt, studiert, aber nun war er ein ungelernter, schlecht bezahlter Arbeiter in der Landwirtschaft. Wir überstanden schwere Zeiten mit harter Arbeit und in sehr schlechten Wohnverhältnissen. Aber so lebten viele im Land, langsam ging es aufwärts und als 1952 unser Sohn Amichei geboren wurde, waren wir glückliche Eltern. Amichei heißt: Mein Volk lebt. Mit diesem Kind war der Faden in die Zukunft geknüpft, das Leben ging weiter, die Schoah hatte das jüdische Volk nicht vernichten können. Inzwischen wohnten wir in Rischon LeZion, heute eine große Stadt, damals eine kleine Ortschaft. Wir hatten, was schon ein Fortschritt war, ein Zimmer mit Küche, die Toilette war auf dem Hof. Aber mehr als diese primitiven Lebensbedingungen schmerzte uns das Fehlen der Großeltern. Da war es eine glückliche Fügung, dass wir mit einem älteren Ehepaar aus der Nachbarschaft Freundschaft schlossen, die in den 1930er Jahren vor Hitler aus Bad Homburg geflohen waren und ein Lebensmittelgeschäft betrieben. Klara und Willy Scharatzik waren kinderlos und übernahmen bei unserem Sohn die Rolle der liebenden Großeltern, sie teilten mit uns die Sorgen und vor allem das Glück, ihn beim Aufwachsen zu begleiten. 1952 war auch das Jahr, in dem Zwi landwirtschaftlicher Berater in zwei neugegründeten Siedlungen wurde. In diesen Jahren stiegen die Produktionsraten in der israelischen Landwirtschaft und unsere Produkte wurden auch zur Handelsware auf internationalen Märkten. Zwi wurde auf diesem Gebiet eine anerkannte Fachkraft. Ich war inzwischen Oberschwester der Kinderabteilung, aber eigentlich brauchte ich für diese Arbeit ein Diplom. Ami war fast fünf Jahre alt, als ich ein Studium an der Schwesternschule begann. Neben all den 18-jährigen Schwesternschülerinnen waren eine Kollegin und ich die einzigen Mütter. Ich hatte anfangs große Minderwertigkeitskomplexe wegen meiner lückenhaften Schulbildung, aber dann hat es mir große Freude gemacht, ich merkte, dass mir das Lernen leicht fiel und dass mich diese Materie sehr interessierte. Ich liebte meinen Beruf und war glücklich, mir diese theoretischen Kenntnisse aneignen zu können. Außerdem spürte ich, wie viele meiner aus der Vergangenheit kommenden Ängste verschwanden, indem mein Selbstbewusstsein wuchs. Aber für uns erwachsene Schülerinnen galten dieselben Regeln wie für die jungen Mädchen, wir mussten dort wohnen und konnten nur alle paar Wochen unsere Familien sehen. Ami ging in den Kindergarten, neben Zwi und seinen ›Großeltern‹ Scharatzik kümmerte sich auch meine Schwester Ruth um ihn. Trotzdem fiel uns allen die Trennung sehr schwer. Aber auch diese Zeit ging vorbei und als ich nach drei Jahren wieder die Leitung der Kinderabteilung übernahm, diesmal als diplomierte Schwester, wurde unser Leben leichter. Zwi hatte inzwischen von der Exportfirma *AGREXCO* eine Stelle angeboten bekommen, der israelische Export von Blumenknollen und Frischblumen war sein Arbeitsgebiet.

Ruth hatte sich inzwischen mit Simcha Malin verbunden, den sie im Kibbuz kennengelernt hatte. Seine Geschichte ist wie ein Roman, aber fast jeder von den Menschen, mit denen wir lebten, arbeiteten, die unsere Freunde wurden, hatte eine außergewöhnliche, dramatische Geschichte. Simchas Familie kam eigentlich aus Lodz in Polen, aber er war noch ein Baby, als sie nach Palästina kamen und in einem Ort nahe Jerusalem eine kleine Landwirtschaft aufbauten. Bei einem Überfall der Araber verloren sie alles, die Kühe wurden gestohlen und getötet, alles war zerstört. Da ging Simchas Vater nach Lodz zurück, um das Geld für einen Neuanfang zu verdienen. Weil das zu lange dauerte, folgte ihm die Mutter mit den vier Kindern. Simcha war sieben Jahre alt. Nun saßen sie in Polen in der Falle. Als Simcha Auschwitz überlebt hatte, schloss er sich der Gruppe in Gehringshof bei Fulda an. Eine von Simchas Schwestern hat in Russland überlebt, dort geheiratet und ist mit ihrem Mann und zwei Töchtern nach Israel ausgewandert. Sein Vater ist im Ghetto Lodz verhungert. Seine Mutter und eine Schwester sind in Auschwitz ermordet worden.

Auch Simcha und ein weiterer überlebender Bruder wollten nach Israel, aber die Engländer hielten sie und ihre Kameraden auf, internierten sie für zwei Jahre auf Zypern. Simcha kam erst kurz vor uns in den Kibbuz Buchenwald. Aber er verließ ihn wieder, um an der Universität von Jerusalem bei Gershom Scholem und Martin Buber Hebräische Sprache und Geschichte zu studieren. Er kannte die Sprache ja von Kindesbeinen an. Simcha wurde ein in Israel sehr angesehener Hebräischlehrer für Erwachsene. Mit meiner Schwester hat er drei nun auch längst erwachsene Kinder. Sein Bruder hat Selbstmord begangen, obwohl er ärztliche Hilfe bekommen hat.

In diesen Jahren war nicht daran zu denken, einmal nach Amerika zu fahren, um unseren Vater zu besuchen. Erst später konnten wir das Geld dafür zusammensparen. Und auch mein Vater konnte lange nicht kommen, er hatte ja für eine Familie zu sorgen und die Schiffspassage war teuer, ein Flug kam sowieso nicht in Frage. Aber wir schrieben uns regelmäßig und die Freude war groß, als er 1956 sein Kommen ankündigte.

Nun war es ja so, dass ich meine ganze Kindheit über eine so unvorstellbare Sehnsucht nach meinem Vater gehabt habe; mit Frau Dr. Wilmersdorfer habe ich viel darüber gesprochen und ich dachte eigentlich, die Zeit des kindlichen Ausgeliefertseins an diese Gefühle läge hinter mir. Ich hatte ja die Psychotherapie schon abgeschlossen. 25 Jahre war ich alt, Mutter, Ehefrau, als ich in Haifa am Hafen stand, um ihn in Empfang zu nehmen. Sein Schiff war über Neapel gegangen. Neben mir stand meine Familie und Ruth war da, hochschwanger mit ihrer ersten Tochter. Auch unser Bruder Theo war aus England gekommen und Benno war dabei mit seiner Familie.

Wir sahen schon das große Schiff, man hatte Barrieren aufgestellt, damit niemand so nahe herangeht. Gespannt warteten wir auf das Erscheinen meines Vaters und da sahen wir ihn oben auf der Treppe, mit Hut, wie ein echter Amerikaner sah er aus, aber plötzlich, ich habe später selbst nicht verstanden, wie das kam, kroch ich auf dem Bauch unter diesen Barrieren durch und schrie: »Papachen, Papachen, Papachen.« Meine Familie sagte später, ihnen sei das Herz fast stehen geblieben vor Schreck, aber sie konnten gar nichts machen. Mein Vater soll gesagt haben: »Ginchen, geh zurück, geh zurück!«, aber ich stürzte irgendwie an den Wachen vorbei die Treppe hoch und hing an seinem Hals. Ich war in diesem Moment nicht 25 Jahre alt, sondern sieben, wie damals, als er uns verlassen hat.

Und so blieb es während der sechs Wochen seines Aufenthalts. Ich wich ihm nicht von der Seite, wenn er auf die Toilette ging, stand ich davor und wartete. Einmal fuhr er von uns aus zu meiner Schwester nach Ramat Gan, die ihre Tochter Dorit in dieser Zeit gebar, und ich stand an der Bushaltestelle bis zwölf Uhr nachts. Mit dem letzten Bus kam er und fragte, als er mich sah: »Was machst du denn hier um Gottes Willen?« »Ich habe auf dich gewartet, Papachen.«

Es war unglaublich und mir selbst unerklärlich, die Angst, ihn wieder zu verlieren, war übermächtig. Ich bin mit meinem Vater durch Israel gefahren, das Geld hatten wir geborgt, ich habe ihm Jerusalem gezeigt, ich war mit ihm im Galil und bei der Fahrt im Bus habe ich seine Hand nicht losgelassen und nur geweint. Er fragte: »Ginchen, warum weinst du denn?« »Ich weine aus Freude, Papachen, mach dir keine Sorgen.«

Am liebsten wäre ich mit ihm nach Amerika gefahren, hätte meine Familie zurückgelassen. Zwi hat das gar nicht verstanden, ihm war mein Benehmen fremd, aber ich habe mich ja selbst nicht verstanden. Es war sonderbar, wie die traumatische Trennung auf mich als Siebenjährige gewirkt hatte und bei der 25-Jährigen in dieser Weise sich zeigte. Ich hatte das Glück, ihn wiederzusehen, andere hatten dieses Glück nicht, aber ihr Verlust ist eine ebenso tiefe, unsichtbare Wunde.

Später hat sich mein Verhältnis zu ihm normalisiert. Ruth und ich sind, so oft es ging, zu ihm gefahren, wir haben auch zu seiner Frau Bözi und den Zwillingen Franklin und Robert Welner, die 17 Jahre jünger sind als wir, ein warmherziges Verhältnis aufgebaut. Auch die Geschwister unseres Vaters, die liebe Tante Hella und ihre Söhne, unsere Cousins, haben wir wiedergetroffen. Wir kannten sie ja noch aus Hamburg, wo wir sie besucht hatten, bevor sie 1937 auswandern konnten. Robert und Franklin, sie sind beide Ingenieure geworden, erzählten uns, wie ängstlich unser Vater sei. Immer habe er vor allem Angst gehabt, sei jeder Konfrontation ausgewichen, besonders vor der Polizei fürchtete er sich. Sie waren ja in einem freien Land aufgewachsen und konnten das gar nicht verstehen. Aber Ruth und ich haben es verstanden, wir haben ihnen vom Polizeipräsidium in Berlin erzählt.

Unser Vater ist mit 82 Jahren gestorben. Als er schon krank war, sagte er bei einem Besuch: »Regina, bitte nimm dir diese Kiste mit Fotografien mit.« Er fürchtete, seine Söhne würden sich dafür nicht interessieren und die Bilder würden dann verschwinden. Aber ich wollte die Kiste nicht schleppen, sagte: »Papa, ich habe schon genug Alben. Und ich fotografiere selbst, das habe ich von dir geerbt.« Aber er wollte unbedingt, dass ich diese Kiste mitnehme, die war ihm so teuer. Noch am Tag der Abfahrt hat er mich daran erinnert und da habe ich sie eben mitgenommen. Darüber bin ich heute sehr froh. Ich habe nicht nur Kinderfotos von ihm, Fotos meiner nie gesehenen Großeltern, Fotos von seinen Geschwistern aus dem Ersten Weltkrieg, ich habe auch die Fotografie von uns, die Fräulein Guttmann aus der Fehrbelliner Straße ihm 1940 geschickt hat, und noch andere sehr interessante Dokumente unseres Lebens. Seine Söhne übrigens, als sie das entdeckten, wollten von allen Bildern Kopien haben.

Heute fahre ich nicht mehr nach Amerika, es ist zu weit und fällt mir schon zu schwer. Aber jahrelang sind meine Schwester und ich abwechselnd zum Papa gefahren, das Geld dafür haben wir zusammengekratzt, aber das musste sein, um diese Sehnsucht zu stillen, um wieder eine normale Beziehung zu ihm zu bekommen. Auch als er nicht mehr lebte, sind wir zu der Familie gefahren, es waren ja unsere Verwandten. Wir hatten das Glück, dass unsere Familie wieder zusammengefunden hat, und auch das Glück, dass wir in der Zeit der Flugzeuge lebten. Man kann sich sehen, auch wenn man weit auseinander lebt. Trotz des Unglücks hatten wir viel Glück.

Die Verbindung nach Berlin riss nie ab. Viele Jahre lang hatten wir selbst zwar nicht den Wunsch, in die Stadt zurückzukehren, aber unsere Freundin Ruth besuchte uns mit ihrer Familie, später kamen ihre Kinder auch ohne sie. Mit Frau Pöhler und Siegfried Baruch aus dem Kinderheim Moltkestraße, dass es seit 1953 nicht mehr gab, korrespondierte ich. Und Herr Baruch kam uns besuchen. Beim erstenmal kam er, um seine wertvolle Münzsammlung dem *Haaretz*-Museum zu übergeben, er schlief bei uns auf der Matratze und spielte liebevoll mit unserem

Sohn. Als er Zwi kennengelernt hatte, war er sehr zufrieden mit meiner Partnerwahl. Und er feierte seinen 70. Geburtstag hier im Land. Viele seiner ehemaligen Zöglinge aus dem Jüdischen Waisenhaus in Pankow und aus der Schule Rykestraße lebten ja in Israel. Sie waren rechtzeitig aus Deutschland herausgekommen. In ihrer Gesellschaft wollte er feiern und auch wir waren eingeladen. Das muss 1971 gewesen sein, unser zweites Kind, unsere Tochter Schlomit, die wir nach Zwis ermordeter Mutter Salomea benannt haben, war schon neun Jahre alt.

Wir haben seit 1956 eine Wohnung im Tel Aviver Stadtteil Ramat Aviv. Ruth wohnt mit ihrer Familie nicht weit. Hier wurden unsere Kinder groß, Ami und Schlomit haben beide studiert. Er ist Kurator, seine Galerie, die er 25 Jahre lang führte, gehörte zu den interessantesten der Stadt. Schlomit ist Grafikerin. Wir haben ihnen lange Zeit nichts von unseren traumatischen Erinnerungen erzählt, sie sollten unbelastet aufwachsen. Nicht einmal die Frage nach der Nummer auf seinem Arm hat Zwi ihnen beantwortet. Aber natürlich haben sie die Bedeutung dieser Nummer erfahren und sie haben die Vergangenheit auch in unserem Schweigen gespürt. Heute wissen sie alles, Ami hat seinen Vater und mich sogar auf einer schweren Reise nach Posen und Belzec begleitet. Unsere Enkelin Schira, 26 Jahre alt, war beim Militär, jetzt studiert sie Philosophie und Pädagogik. Und unser 18-jähriger Enkel Eran, der das Konservatorium besucht hat und ein hervorragender Basketballspieler ist, leistet seinen Wehrdienst ab. Für uns stehen sie in einer Reihe mit denen vor uns. Zwi sieht in seinen Kindern und Enkeln die Fortsetzung der Familie Steinitz, deren einziger Überlebender er einst war. Als er 60 Jahre nach Auschwitz seine Erinnerungen aufschrieb, schrieben unsere Kinder im Nachwort: »... und endlich waren wir fähig, die Gestalten der Vorfahren als echte Familienangehörige auch gefühlsmäßig anzunehmen, wenn auch nur indirekt.«

Zwi war bei seiner Firma ein Experte für den Blumenexport nach Europa und ich war acht Jahre lang Lehrerin an einer Schwesternschule, als er 1974 von seiner Firma nach Frankfurt am Main geschickt wurde. Ami studierte schon, aber Schlomit kam mit uns. Es war schwer, nach Jahrzehnten wieder nach Deutschland zu kommen. 30 Jahre nach dem Krieg kam es uns so vor, als sei alles gestern gewesen. Wir litten an Dingen, die anderen gar nicht auffielen. Nach einem Jahr bat Zwi, in die Niederlande versetzt zu werden. Dort blieben wir drei Jahre lang. Erst als wir in den letzten Jahren immer wieder nach Hamburg und Berlin kamen, als Zwi aus seinen Büchern las und ich über das Kinderheim berichtete, als wir viele jüngere und junge Menschen trafen, sahen wir, dass Deutschland ein anderes Land geworden war und fanden dort neue Freunde.

Nach unserer Rückkehr aus Holland übernahm ich die Leitung eines staatlichen Gesundheitszentrums für schwangere Frauen und die Entwicklung von Kindern, Zwi arbeitete weiter bei der *AGREXCO*. Unser Leben war sehr ausgefüllt, nach außen schien die Vergangenheit im Alltag keine große Rolle mehr zu spielen. Aber die Erinnerungen und Gefühle waren immer da.

Bei mir ist es bis heute so, dass ich mich bei jedem Unglück sehr stark mit den Betroffenen identifiziere, sei es eine Naturkatastrophe, ein Erdbeben oder ein Krieg. Ich fühle dann sehr mit den Menschen, ich weiß, wie es ist, alles zu verlieren. Ich empfinde das so stark, dass ich mich zwingen muss, eine emotionale Distanz aufzubauen, um nicht wieder in die Gefühle von Ohnmacht und Ausgeliefertsein zu kommen. Mein Beruf ist ja der des Helfens und dadurch konnte ich mit diesen Gefühlen konstruktiv umgehen. Ich konnte so vielen Kindern und ihren Eltern helfen, das hat mich nicht belastet, im Gegenteil, das hat mich glücklich gemacht. Zwi hat manchmal gesagt: »Du brauchst kein Gehalt, du würdest noch dafür bezahlen, diese Arbeit machen zu können.« Das war auch so. Und trotzdem gibt es diese Momente ... Mein Mann fragt mich manchmal: »Was hast du, Regina?«, weil er spürt, wie mir zumute ist. Dann antworte ich mit dem Lied, dass wir an der Jüdischen Mädchenschule gelernt haben, ich sage nur: »Die Gedanken sind frei ...«

Wir kennen diese Momente beide.

### ERINNERUNGSARBEIT

Zwi hat bis zu seinem 70. Lebensjahr gearbeitet. Schon 1990 wurde Zwi plötzlich von Bildern der Vergangenheit bedrängt und verfolgt, er, der immer so beherrscht und diszipliniert war, hatte Mühe, sich davon zu befreien und in der Gegenwart zu bleiben. Unser Sohn Ami vermittelte ihm Kontakt zur *AMCHA*, einer Organisation, die den Schoahüberlebenden psychologische Hilfe bietet. Eine einfühlsame Psychologin half in jahrelangen Beratungen meinem Mann, sich von der Last auf seiner Seele zu befreien. Im Sommer 1997, nach dem Ende seines Berufslebens, konnte Zwi damit beginnen, das Leben seiner Familie aufzuzeichnen, seiner Mutter, seinem Vater, seinem kleinen Bruder Rudolf ein Denkmal zu setzen, indem er über sie erzählte. Dies wurde sein erstes Buch, dem andere folgten (*Als Junge durch die Hölle des Holocaust, Vom Holocaust-Opfer zum Blumenexport-Pionier, Jüdisches Tagebuch, Durch Zufall im Holocaust gerettet*).

Etwa zu dieser Zeit begann in Berlin Inge Franken, über die Geschichte des Jüdischen Kinderheims in der Fehrbelliner Straße zu forschen. Sie stieß auf die Fotografien von Abraham Pisarek, traf dessen Tochter, unsere Freundin, und erfuhr, dass es in Israel noch Zwillingsschwestern gab, die das Ende des Heims miterlebt hatten.

Frau Franken wandte sich an uns und so kam es, dass sowohl Ruth als auch ich aufschrieben, woran wir uns erinnerten. So kam es, dass ich auch Sylvia Wagenbergs Erinnerungen aufnahm. Ruth geht es ebenso wie mir, die Erinnerung an die Zeit im Heim war nie verblasst, aber erst 60 Jahre danach konnte sie darüber sprechen. Von dieser Zeit an fuhren meine Schwester und ich manchmal gemeinsam, manchmal einzeln oder auch mit unseren Familien nach Berlin, zu Einweihungen von Gedenktafeln und um jüngeren Menschen vom Leben im Kinderheim zu erzählen.

Das ist nicht leicht. Bei meinen Berlinbesuchen werden die Erinnerungen manchmal so stark, so gegenwärtig, dass ich nach meiner Rückkehr vollkommen mitgenommen bin und Mühe habe, wieder in mein Leben zu kommen. Zwi geht es ähnlich. Er wurde nach der Veröffentlichung seiner Bücher in deutscher Sprache in den vergangenen Jahren oft nach Deutschland eingeladen, um an Gedenkveranstaltungen in Sachsenhausen teilzunehmen, um in Schulen über die Zeit der Verfolgung zu reden oder als Zeitzeuge Auskunft zu geben. Das ist auch für ihn oft schwer. Aber wir haben das starke Bedürfnis, die Erinnerung wachzuhalten. So viele Menschen, die wir gekannt und geliebt haben, können nicht mehr reden. Wir müssen für sie sprechen, damit sie nicht vergessen werden.

Manchmal stoße ich auf eine verstörende Gleichgültigkeit. Einmal wohnte ich in Berlin in einer Pension, da gab es einen Portier, der wusste, dass wir aus Israel sind. Der Mann war etwa 60 Jahre alt. »Sie sprechen aber gut Deutsch«, meinte er. »Ich bin ja auch aus Berlin.« »Ich dachte, Israel.« »Wir haben den Holocaust hier überlebt und sind dann nach Israel gegangen.« »Ach, Frau Steinitz, das ist so lange her. Das muss man auch mal vergessen.«

Aber das kann man nicht vergessen, das wird man nicht los und manche Leute können das nicht begreifen. Und in Berlin sehe ich natürlich an jeder Ecke die Vergangenheit. Wenn ich über den Koppenplatz gehe, sehe ich noch immer die Baugrube, an deren Rand die Männer mit Gewehren standen. Ich sehe, wie die kleine Thea Fuss sich über die Grube beugte, weil da unten ihr Vater stand, in Sträflingskleidung. Ich höre, wie sie schrie, und sehe die Geste, mit der Herr Fuss sich den Finger über den Mund legte. Das neue Berlin ist sehr schön geworden, aber glücklich bin ich da nicht. Ich komme oft ganz verstört von dort zurück.

Einmal war ich mit Inge Franken in Caputh, wo Sylvia und Carla Wagenberg in Frau Feiertags Landschulheim Geborgenheit gefunden hatten, bevor sie in die Fehrbelliner Straße kamen. Es war mir ein Bedürfnis, das Haus zu sehen, in dem sie so gern gelebt haben, bevor die Nazis es verwüsteten. Es gab dort eine Ausstellung, in der ich auch Fotos von Frau Feiertag sah. Die Leute dort gaben mir die Kopie eines handschriftlichen Berichts, den eine ehemalige Erzieherin geschrieben hat. Darin fand ich all das wieder, was mir Sylvia erzählt hatte. Ich wusste, dass es auch eine Broschüre über Gertrud Feiertag gab und fragte im Ort in einem kleinen Schreibwarenladen danach. Ein junges Mädchen sagte in einem Ton, der mich erstarren ließ: »So etwas führen wir nicht.« Über diesen Ton dachte ich noch lange nach, nachdem ich den Laden schon verlassen hatte.

Wir haben aber auch viele Menschen kennengelernt, die eine wertvolle Erinnerungsarbeit leisten. Den Wissenschaftlern der Stiftung Denkmal für die ermordeten Juden Europas haben wir Interviews gegeben, die dort auf Video zu sehen sind.

Das ehemalige Kinderheim in der Fehrbelliner Straße steht jetzt nach einer gründlichen Sanierung unter Denkmalschutz. Mit den Mitarbeiterinnen des heutigen Nachbarschaftshauses sind wir sehr befreundet. Sie haben Gedenktafeln am Eingang des Hauses angebracht, im Foyer gibt es eine Tafel mit den Namen der Kinder und der erwachsenen Betreuer, die ermordet wurden. Susanne Besch, die Leiterin, hat sie als Kunstinstallation gestaltet. Jeder Besucher weiß jetzt, was für ein Haus er betritt. Zwei Schülerinnen haben sich gemeldet, weil sie wollen, dass für Fräulein Ida Bamberger, unsere ehemalige Heimleiterin, ein Stolperstein verlegt wird.

In diesem Haus, das uns so viel bedeutet, hatten wir in den vergangenen Jahren bewegende, unvergessliche Begegnungen. Inge Franken veröffentlichte ihre Forschungsergebnisse im Internet auf Englisch. Daraufhin meldete sich eine Familie aus Schweden. Hildegard Fuss, die Mutter der Schwestern Ruth und Thea, war im August 1939 mit falschen Papieren nach Schweden geflüchtet, als ihr Mann wieder in Sachsenhausen inhaftiert wurde. In Schweden hatte sie einen Onkel und einen Cousin. Ihre Töchter, die zunächst bei ihrem Großvater blieben, wollte sie sicher nachholen. Aber wie? Von Monat zu Monat wurde diese Möglichkeit unwahrscheinlicher. Dass Hildegard Fuss im dritten Monat schwanger war, hat sie vielleicht erst gewusst, als sie in Schweden war. Am 13. Februar 1940 wurde ihre dritte Tochter, Eva, geboren. Die wuchs bei einer nichtjüdischen Schwedin auf, die dafür sorgte, dass Eva den Kontakt zu ihrer leiblichen Mutter nicht verlor. Aber Eva stand ihre liebevolle Pflegemutter, die noch ein zweites jüdisches Mädchen aufzog, näher als die verschlossene Hildegard Fuss. Die Schwester meiner Freundinnen Thea und Ruth glaubte nichts zu vermissen. Nie erfuhr sie, warum ihre Mutter, die im Exil hart arbeiten musste und nie froh wirkte, sie nicht selbst aufzog. Nie erfuhr sie, dass ihr Vater in Sachsenhausen erschossen wurde. Vielleicht hat auch Hildegard Fuss das nur geahnt. Nie erfuhr Eva von ihren älteren Schwestern, die als Kinder so grausam getötet wurden. Aber Kinder spüren auch, was man ihnen nicht sagt. Eva heiratete einen Schweden, bekam selbst zwei Kinder. Als ihre Tochter Helena im Internet einen Teil ihrer Familiengeschichte erfuhr, kam Eva mit ihren fast erwachsenen Enkeln, einem Jungen und einem schönen Mädchen, das meinen Freundinnen ähnlich sah, nach Berlin. Ich konnte ihnen das Zimmer zeigen, in dem Thea und Ruth geschlafen hatten, erzählte ihnen von dem Heim, das eine Insel gewesen war, ein Ort, an dem wir Kinder sein durften. Gemeinsam besuchten wir die Gedenkstätte Sachsenhausen am Ort des ehemaligen Konzentrationslagers, man zeigte uns den Namen von Abraham Fuss in der Liste der im Mai 1943 Erschossenen, wir sahen die Stelle, an der das geschah.

Tief erschüttert erfuhr diese schwedische Familie, was niemals zur Sprache gekommen war und sie doch geprägt hatte.

Nach einigen Monaten kamen Eva, ihre Tochter und der Schwiegersohn wieder, vor dem ehemaligen Wohnhaus der Familie wurde ein Stolperstein für Abraham, Ruth und Thea Fuss verlegt. Auch wir waren aus Tel Aviv angereist und sehr viele Berliner waren gekommen.

Bei einer unserer Berlinreisen gingen meine Schwester, Zwi und ich durch die Rosenthaler Straße, da sahen wir am Eingang zu den Hackeschen Höfen einen Stolperstein, zu dem ich mich bückte. Ich las den Namen Anita Bukofzer, geboren 1930, deportiert 1943, ermordet in Auschwitz. Plötzlich stand mir diese Anita ganz genau vor Augen. Über 60 Jahre hatte ich nicht an sie gedacht. Sie war in unserer Schulklasse gewesen, ein hochgewachsenes, hübsches Mädchen, blond und blauäugig. Ich erinnerte mich plötzlich mit allen Einzelheiten an ihr Gesicht, ihre Stimme und war erschüttert, dass ich sie so lange vergessen hatte. Seitdem geht mir Anita Bukofzer nicht aus dem Sinn und ihr Name soll auch einen Platz in diesem Erinnerungsbuch haben.

Auch das jüdische Kinderheim in der Moltkestraße ist nicht vergessen. Als Siegfried Baruch mit den Kindern Anfang 1953 in ein von der jüdisch-amerikanischen Hilfsorganisation *JOINT* eingerichtetes Heim am Wannsee floh, lebten in der Wilhelm-Wolff-Straße, wie sie inzwischen hieß, noch einige alte Menschen. Dazu kamen im Laufe der Zeit noch einige wenige, die in der Emigration nicht Fuß gefasst hatten und ihre letzten Jahre in Berlin verbringen wollten. Die Ostberliner Jüdische Gemeinde kümmerte sich um das Altenheim. Auch Frau Baruch, die nichtjüdische Ehefrau des Rechtsanwalts Bernhard Baruch, fand nach seinem Tod dort Aufnahme. Zum Zeitpunkt der deutschen Wiedervereinigung 1990 lebten dort nur noch drei oder vier Menschen. Die Gemeinde verkaufte das Haus an eine Stiftung, die heute dort ein Hospiz für unheilbar kranke Kinder unterhält. Ein trauriger, ein ernster und doch humanistischer Ort, ein heller Ort, an dem die Kinder und ihre Angehörigen ihre letzte gemeinsame Zeit auf eine gute Weise verbringen können.

Einige Historiker und die Inge-Deutschkron-Stiftung veranstalteten vor einigen Jahren eine Ausstellung zur Geschichte des jüdischen Kinderheims. Auch ich wurde befragt und gab ihnen Fotos aus meinem Besitz. Ich konnte ihnen Namen nennen und den Historikern etwas über den Alltag im Heim von 1945 bis 1948 erzählen. Auch Zeitungsartikel aus diesen Jahren hatte ich aufbewahrt und mit nach Israel genommen. Ich bin so eine Aufheberin, solche Sachen werfe ich nicht weg. Ich fuhr nach Berlin zu der Ausstellung, hielt auch einen Vortrag über die ersten Jahre des Heims nach der Befreiung, es war mir ein Bedürfnis, über Bernhard Baruch und Siegfried Baruch zu sprechen, die beide schon lange nicht mehr lebten.

Nach einiger Zeit rief mich in Tel Aviv ein Junge an, nein, ein älterer Mann. Dani Schaked. Er sei als kleines Kind in Niederschönhausen gewesen, ebenso sein gleichaltriger Freund Uri Levy. Das war ihre erste schöne Erinnerung im Leben. Sie waren seit 1948 in einem israelischen ›Moschaw‹, einer genossenschaftlichen Landsiedlung, bei Pflegeeltern aufgewachsen. Nun, als längst erwachsene Männer, wollten sie mehr über ihre Herkunft wissen und waren zusammen nach Berlin gefahren. Sie hatten in Niederschönhausen das Haus aufgesucht, das ja nun ein Hospiz war. Sie erkannten die Bäume rings um das Haus, sonst war alles anders. Man war freundlich zu ihnen gewesen und hatte ihnen gesagt, da sei eine Kinderschwester von damals, Regina Steinitz, die lebe heute in Tel Aviv.

Dann sind die beiden hier eingetroffen. Ein großes, berührendes Erlebnis. Wir saßen bei uns am Tisch, ich habe alle Bilder, die ich aus dieser Zeit besitze, die meisten von Abraham Pisarek aufgenommen, vor meinen ehemaligen Heimkindern ausgebreitet und sie haben sich selbst erkannt auf diesen Bildern. Noch niemals hatten sie ein Foto von sich in diesem Alter gesehen, aber sie haben sich selbst und auch gegenseitig erkannt. Mein Zwi ist immer hin- und hergelaufen, an der Ecke gibt es einen Kopierladen, er hat ihnen alle Fotos und Dokumente kopiert, damit sie sie gleich mitnehmen konnten. Die beiden waren selbst schon verheiratete Familienväter, später haben wir ihre sehr netten Frauen und Kinder kennengelernt, aber ihre frühe Kindheit war ihnen ein schwarzes Loch. Mehrere Stunden lang haben wir bei dieser ersten Begegnung über das alles gesprochen. Dani wusste nur, dass er als kleines Kind in der

Wohnung allein zurückgeblieben war und der ›Kinderunterkunft‹ im Jüdischen Krankenhaus übergeben wurde. An dieses Lager konnten sie sich vage erinnern, dunkle Räume, Fliegeralarm, Angst. Von dort waren sie dann nach der Befreiung in die Moltkestraße gekommen. Aber warum er allein geblieben war, das verstand Dani Schaked nicht. Ich habe ihm die damaligen Umstände irgendwie erklärt. Seine Mutter, eine Jüdin, ist nach ihrer Entdeckung nach Ravensbrück gebracht worden und dort umgekommen. Sein Vater war kein Jude, aber weil er mit seiner Mutter ›Rassenschande‹ betrieb, wurde auch er festgenommen. Er ist später geflüchtet, aber man hat ihn gefasst und er kam auch um. So blieb der Junge allein zurück ... Das ist nur ein Schicksal von so vielen. Jedes ist herzzerreißend und wirkt bis heute nach.

Mit Uri Levy war er immer zusammen, sie sind wie Brüder. Uri war das uneheliche Kind einer ›arischen‹ Mutter, sein jüdischer Vater entkam nach England und er wurde in die Iranische Straße gebracht. Zwei Jahre blieb er dort. Dani und Uri waren in der Iranischen Straße zusammen, zusammen in der Moltkestraße, zusammen waren sie in einem holländischen Heim, sind zusammen nach Israel gekommen, wurden von zwei Familien im selben ›Moschaw‹ aufgenommen. Sie sprechen heute besser Hebräisch als Deutsch, aber sie sprechen noch Deutsch, auch ihre Pflegeeltern waren aus Deutschland eingewandert. Am Tag nach dieser Begegnung rief mich Dani an, der alleine in der Wohnung geblieben war, und sagte: »Regina, du musst schon entschuldigen, aber für mich bist du eine halbe Mutter geworden, verstehst du?« »Du musst dich nicht entschuldigen, ich verstehe das sehr gut«, habe ich ihm geantwortet. Da war plötzlich jemand, der ihm seine halbvergessene Kindheit erklärte, der ihm sagte, woher er kam und wie die Zeit damals war.

Die beiden sind wie viele andere jüdische Waisenkinder aus allen Ländern Europas nach der Gründung des Staates Israel ins Land geholt worden. Noch heute treffen sich die, die in dem holländischen Durchgangsheim zusammen waren. Durch die beiden habe ich auch die Marlene wiedergetroffen, meine Freundin Marlene Zodrow, die auch in Niederschönhausen war. Sie nahm an den Treffen teil. Wir wurden sofort wieder Freundinnen und haben uns seitdem oft getroffen, zusammen Geburtstag gefeiert.

Ich traf seit den 1990er Jahren auch ehemalige Kinder aus der Fehrbelliner Straße, die vor 1940 dort gewesen waren. Gideon, früher Günther Behrendt, kam mit den ›Kindertransporten‹ nach England, später war er hier in Israel und wir haben uns gut gekannt. Oft haben wir unsere Erinnerungen ausgetauscht. Er ist leider schon gestorben. Tosca Sussmann, heute heißt sie Tosca Kempler, gehörte zu den Hortkindern, die abends aus der Fehrbelliner Straße in ihre Familien zurückgingen. Auch sie konnte 1939 mit dem ›Kindertransport‹ entkommen. Ihr Vater Jacob, ihre Mutter Sima, ihre Schwester Sonia, ihr Bruder Aron sind umgekommen. Wir haben uns in Berlin ja nicht gekannt, aber seitdem wir voneinander wissen, stehen wir in Kontakt, weil wir ein Stück unserer Geschichte teilen, weil wir wissen, die andere versteht sie. Tosca, die heute in den USA lebt, hat nach dem Krieg Ignatz Kempler geheiratet, der vor meiner Zeit dort ebenfalls ein Kind des Jüdischen Kinderheims Fehrbelliner Straße war. Er hat Theresienstadt, Auschwitz, Buchenwald überlebt.

Auch mit der Nichte von Meta und Erika Haitner bin ich in Verbindung. Ruth Lipshaw ist die Tochter von Leo Haitner, Sohn von David und Lisbeth Haitner. Leo habe ich nicht mehr kennengelernt, auch seine Witwe starb bald, nachdem wir telefonischen Kontakt aufgenommen haben. Aber Ruth Lipshaw erzählte mir, sie habe als Kind große Fotografien von Meta und Erika an der Wand ihrer Großeltern gesehen, bei denen sie die Ferien verlebte. Die Großmutter Lisbeth Haitner schaute diese Bilder nie ohne Tränen in den Augen an. Ruth spürte, dass sie für David und Lisbeth Haitner den Platz dieser Mädchen einnahm und das machte sie beklommen. Erst lange nach dem Tod der Großeltern fand ihre eigene Tochter Lisa im Internet die Webseite über das Kinderheim Fehrbelliner Straße. Da verstand sie die Zusammenhänge. Und als meine Schwester und ich ihnen von unserer Zeit mit Meta und Erika erzählten, wurden für Ruth Lipshaw und ihre Tochter Lisa die Gesichter auf den alten Fotos zu lebendigen Erinnerungen. Erst jetzt konnten sie trauern und das Leben und den Tod der Schwestern als Teil ihrer eigenen Familiengeschichte erkennen, wie auch die leidvolle Flucht David und Lisbeth Haitners.

Aus Ruth Lipshaws Familienbesitz bekam ich die sehnsuchtsvollen Briefe, die Meta und Erika ihren Eltern nach Mauritius geschrieben hatten, bevor sie deportiert wurden. Und ich bekam Berichte, die der Vater in Mauritius während der jahrelangen Internierung aufgeschrieben hat. Das Ehepaar Haitner war mit Tausenden anderen jüdischen Flüchtlingen auf dieser Insel gefangen, obwohl sie ihrem Ziel Palästina schon ganz nahe gewesen waren. Doch die Engländer ließen sie nicht ins Land, das sie schon sehen konnten und sie erlebten aus der Nähe den Untergang der *Patria*, bevor sie nach Mauritius verschifft wurden. Dort schrieb David Haitner die Geschichte ihrer Flucht über die Ozeane auf, ein erschütterndes Zeugnis dieser jüdischen Odyssee. Die Beschreibung des maroden Schiffes erinnerte mich an jene Äppelkiste, mit der meine Schwester und ich 1948 ins Land gekommen waren. Aber wir waren nicht monate- und jahrelang unterwegs, wir wurden nicht überall abgewiesen und haben auf der Fahrt nicht gehungert. Wir waren jung und fuhren in unser eigenes Land, das uns aufnahm. Wir hatten das Leben vor uns, konnten unsere Kinder und sogar unsere Enkelkinder aufwachsen sehen. Wir hatten Glück.

Diesen Satz möchte ich, trotz aller bitteren Erfahrungen und trotz der Erinnerungen, die sich für immer in meine Seele eingegraben haben, ans Ende meines Lebensberichts stellen. Ja, wir hatten Glück.

Antisemitismus, Rassismus und Fanatismus dürfen die Welt niemals mehr beherrschen. Wir sollten uns der furchtbaren Bedeutung des Begriffes Antisemitismus bewusst sein, hinter dem eine Verbrecherwaffe stand, die mit einer Atombombe vergleichbar ist. Das waren unsere jahrelangen Erfahrungen unter der brutalen Diktatur des Nationalsozialismus in Deutschland, der letztlich zum blutigen Zweiten Weltkrieg führte und Millionen unschuldige Opfer das Leben kostete.

Daher soll der letzte Satz der sein, der auch in einem der Bücher meines Mannes Zwi Steinitz der letzte ist:

Vor allem hoffen wir immer noch auf Frieden.

## DANKSAGUNG

Dieses Buch entstand nach jahrzehntelangem Zögern. Ich wollte jene Menschen ehren, die ich lieb gewonnen und geschätzt habe, denen es aber nicht vergönnt war, zu überleben und Zeugnis abzulegen. Wir, die Wenigen, die die Hölle überlebt haben, sind verpflichtet, ihrer zu gedenken.

Mein Dank gilt der Stiftung Denkmal für die ermordeten Juden Europas für das lange Interview, das sie mit mir in Berlin und Israel geführt haben. Sie haben mich auch ermutigt, das Wagnis dieses Buches im Alter von 83 Jahren auf mich zu nehmen.

Dank gebührt meiner lieben Freundin, der Schriftstellerin und Historikerin Regina Scheer, meinem Ehemann Zwi für seine Begleitung und moralische Unterstützung, meiner Psychotherapeutin Frau Orna Gafni von *AMCHA*, die mir mit viel Verständnis und Weisheit zur Seite stand, ebenso wie unserem Sohn Ami und unserer Tochter Schlomit für ihre einfühlsame Beratung.

An Menschen zu erinnern, ihre Namen zu erwähnen, damit sie nicht vergessen werden, den erneuten Aufstieg von Diktaturen zu verhindern, damit sich derartige Tragödien niemals wiederholen, – diesem Vermächtnis und dieser Mahnung an junge und künftige Generationen will mein Buch Rechnung tragen.

Tel Aviv, den 24. Juni 2014

# NACHWORTE

## LAUTES SCHWEIGEN – EIN PERSÖNLICHES NACHWORT

Eine Art Schweigen umgibt ein Leben, wenn ein Teil von ihm in der Vergangenheit gewaltsam entfernt worden ist. Ein lautes Schweigen über Geschichten von Menschen, die verstorben sind, das Einen historisch, kulturell und familiär verfolgt. Es ist im wahrsten Sinne des Wortes Stummheit, ein Abgrund, der klafft, ohne die Möglichkeit, das Geschehene zu verstehen, und ohne die Fähigkeit, dessen Zeichen zu deuten. Diejenigen, die versuchen, weiterzuleben, stehen immer wieder vor Krisen, die kaum zu bewältigen sind, und müssen versuchen, sich Schritt für Schritt über die Bruchstücke der Erinnerung zu bewegen.

In das Schweigen dringen Begriffe aus dem Leben ein, die es durchbrechen und deren Bedeutung aus ihrer Tiefe hervorholen wollen. Die Erwähnung der Worte offenbart allerdings ihre Schwäche und drückt den Drang der zerstörten Existenz nach Weiterleben aus. Dieser Widerspruch wird offensichtlich durch die Sirenen am Tag der Erinnerung an die Vernichtung – dem Yom HaShoa, einen Zeitzeugenbericht, Prosa und Lyrik, ein historisches Dokument, eine Fotografie, eine Ausstellung, einen Film, eine Studie, eine Theateraufführung, durch Gegenstände und durch Schweigen. Er wird deutlich durch die Frage eines Kindes nach der ungelöschten Nummer auf dem Arm, und dazu der Gesichtsausdruck, der keine erleichternde Antwort bietet. Es sind Ausdrucksformen der erschütternden Abgründe, die durch den neuzeitlichen Sündenfall hervorgerufen wurden. Und doch trägt jeder Erlebnisbericht zum Erkenntnisgewinn bei.

Dieses Buch, das Mutter geschrieben hat, stellt das Leben und das Unglück dar, das sie mit ihrer Zwillingsschwester Ruth sowie ihren Schulfreunden, Lehrerinnen und Lehrern erlebt hat, in einem Berlin, das erfüllt von Raublust war. Es wurde im Laufe der sieben Jahrzehnte seit ihrem und Ruths Überleben geschrieben; Worte, die das Schweigen ein wenig verdrängen können.

Für uns stellt das Buch einen weiteren Versuch dar, das Gefühl von familiärer Bindung und unwiederbringlich verlorenen Freundschaften wachzurufen. Und dennoch kann man ihnen nicht nahe sein.

In unserer Kindheit wuchsen wir ohne Großvater und Großmutter auf, abgesehen von Großvater Willi und Großmutter Klara. Sie waren ein älteres Paar ohne Kinder, das uns als Enkelkinder adoptiert hat. Das war in unserer Gegend, in der viele Überlebende wohnten, nichts Ungewöhnliches. Die Familie begann durch uns Kinder zu wachsen, durch Tante Ruth und Onkel Benno, der Auschwitz überlebt hatte, und die ihr Haus neben unserem bauten. Aber als wir dann Kinder bekamen, und »Großvater« und »Großmutter« zu Begriffen einer echten Familie wurden, offenbarte sich der Mangel in unserer Kindheit auf eine neue Weise. Durch unsere Eltern als Großvater und Großmutter fingen wir an, einen Funken von Menschlichkeit zu fühlen, der in unserer Kindheit gefehlt hatte. Wir begannen, die Kontinuität der Generationen zu fühlen, die Charaktere der Vergangenheit als Familienmitglieder kennenzulernen. Indirekt, immer indirekt. In quälender Sorge, in inneren Schmerzen, in Liebe, in Tränen, in erleichtertem Lächeln, in Gefühlen und endlosen Ängsten sammelten sich Bruchstücke an, noch bevor die Worte niedergeschrieben wurden. Eine Geschichte von zwei Geschichten unseres Zuhauses, zwei Geschichten unter weiteren Geschichten von Familienmitgliedern und Freunden. Eine Geschichte, die heute der Höhepunkt der Unausgeglichenheit ist: Drei Generationen leben und drei Generationen sind ausgestorben. Als überlebende Kinder lernten die Eltern eine durchbrochene Kette der Generationen kennen, und als Großvater und Großmutter eine intakte Kette – und in ihrer turbulenten Mitte ein belastendes Schweigen. Dieses Buch enthält dem Leben verbundene Worte, die geschrieben und erzählt wurden, doch bleiben sie für immer zugleich auch neue und verschwundene Worte.

Schlomit und Ami Steinitz

## SPRECHEN ALS VERPFLICHTUNG – EIN HISTORISCHES NACHWORT

Regina und ihre Zwillingsschwester Ruth kommen am 24. Oktober 1930 in Berlins wohl berühmtesten Krankenhaus, der Charité, zur Welt. Die unverheirateten Eltern wohnen mit den Söhnen Theo und Benno in der Spandauer Vorstadt. Vom Flair der Metropole spürt man hier – wenige hundert Meter vom Alexanderplatz entfernt – wenig. Berlin, damals nach London und New York drittgrößte Stadt der Welt, hat über 4,3 Millionen Einwohner, von denen etwa 170.000 der jüdischen Gemeinschaft angehören, der größten auf deutschem Boden. Sichtbares Zeichen des Judentums ist insbesondere die 1866 geweihte Neue Synagoge in der Oranienburger Straße 30 mit ihrer davidssternbekrönten Kuppel; mit 3.200 Plätzen das größte jüdische Gotteshaus im Deutschen Reich.

Mit dem 30. Januar 1933 endet eine einmalige Phase des friedlichen und fruchtbaren Zusammenlebens von Juden und Nichtjuden, die im Kaiserreich begann und in den Goldenen Zwanziger Jahren gipfelte. Judenhass wird erstmals Bestandteil eines Regierungsprogramms. Im Monat darauf, am 27. Februar, brennt der Reichstag – willkommener Anlass für die neuen nationalsozialistischen Machthaber, die Grundrechte außer Kraft zu setzen und Tausende ihrer politischen Gegner festzunehmen und zu misshandeln. In das Visier von Ausgrenzung und Terror geraten aber auch umgehend Juden: Den Auftakt einer Vielzahl von Maßnahmen ihrer Entrechtung und Vertreibung bildet die erste zentral gesteuerte Gewaltaktion am 1. April 1933: Unter der Parole *Kauft nicht bei Juden!* belagern meist uniformierte SA- und SS-Angehörige an diesem Tag Geschäfte, Arztpraxen und Anwaltskanzleien in jüdischem Besitz, deren Anteil in der deutschen Hauptstadt höher ist als in anderen Teilen des Reiches. Die öffentliche Verbrennung »undeutscher« Bücher am 10. Mai auf dem Opernplatz vor der Berliner Universität und in 20 weiteren Städten wirkt im Nachhinein wie ein Fanal für den Holocaust. Von diesen immer radikaleren Entwicklungen kriegen die zweieinhalbjährigen Schwestern Regina und Ruth auf ihre Weise durchaus hautnah etwas mit: In ihrer Wohngegend leben viele jüdische Nachbarn, die oft von ›ganz normalen Deutschen‹ angepöbelt und angerempelt wurden. Um der Gewalt von unten Einhalt zu gebieten und die eigene antijüdische Ideologie auf eine rechtliche Grundlage zu stellen, erlassen die braunen Machthaber im Herbst 1935 die Nürnberger Rassegesetze, die Beziehungen von Juden und Nichtjuden ahnden. Im Herbst 1936 – das nationalsozialistische Deutschland hatte mit den Olympischen Spielen auf dem Berliner Reichssportsfeld im Sommer des Jahres einen propagandistischen Coup gelandet – beginnt für die beiden in der Jüdischen Mädchenvolksschule in der Auguststraße 13 ein neuer Lebensabschnitt.

Regina nimmt die dortige Geborgenheit und die täglichen Abläufe als »reiche Welt« und als »Zuhause« wahr, zumal die antijüdische Umwelt immer unwirtlicher und gefährlicher wird. Anfang 1938 nutzt Reginas Vater Simon Welner, der sich als staatenloser polnischer Jude regelmäßig auf dem Polizeipräsidium am Alexanderplatz melden muss und nie weiß, ob er nicht willkürlich festgehalten wird, die Chance, zu seinem Bruder in die USA auszuwandern. Die erhoffte Ausreise seiner Familie gelingt indes nicht. Im Sommer 1938 häufen sich in Berlin Schmierereien an Geschäften jüdischer Inhaber, ein Vorspiel für den November des Jahres. Etwa gleichzeitig verschleppen Gestapo und Polizei im Zuge der Aktion *Arbeitsscheu Reich* bei zwei Verhaftungswellen mehr als 10.000 Männer als »Asoziale« in Konzentrationslager, darunter sind auch rund 2.300 Juden, die aus mannigfaltigen Gründen Vorstrafen erhalten hatten.

Ein Vierteljahr später befiehlt Reichsführer-SS Heinrich Himmler (1900–1945), ab dem 27. Oktober 1938 bis zu 18.000 polnische Juden auszuweisen. Sie werden in das deutsch-polnische Grenzgebiet gebracht, wo sie wochenlang ausharren müssen, da Polen die Einreise verweigert. Nur knapp ist Reginas Vater dieser Vertreibung entkommen. Der 17-jährige Herschel Grynszpan erfährt in Frankreich von der Deportation seiner Angehörigen und verübt am 7. November ein Attentat auf einen Mitarbeiter der Deutschen Botschaft in Paris, Ernst vom Rath. Das Berliner Propagandaministerium droht mit »schwersten Folgen« für die Juden im Deutschen Reich. Zwei Tage darauf erliegt Rath seiner Verletzung. Sein Tod bietet Adolf Hitler (1889–1945) und seinem Minister Dr. Josef Goebbels (1897–1945) die langersehnte Möglichkeit, am Spätabend des 9. November 1938 durch einen »spontanen Ausbruch des Volkszorns« eine reichsweite antijüdische Gewaltwelle in Gang zu setzen – die sogenannte Kristallnacht. Sie richtet sich gegen Synagogen und Geschäfte, macht aber auch vor Waisenhäusern und Altersheimen nicht halt. Bis zu 100 Juden werden unmittelbar bei den Überfällen und Misshandlungen ermordet oder erliegen in den Wochen danach ihren Verletzungen. Die meisten Angegriffenen stehen diesem Einbruch offener Gewalt in ihr Leben fassungslos gegenüber. Polizei und Feuerwehr verweigern meist jegliche Hilfe. Ab dem frühen Morgen des 10. November beginnen Massenverhaftungen von bis zu 30.000 jüdischen Männern, aber auch zahlreichen Frauen. Das In- und Ausland schweigen. Regina erlebt diese Nacht in ihrem Wohnviertel, rettet zusammen mit ihren zwei Brüdern Bücher aus der brennenden Synagoge *Ahawas Scholaum* in der Kleinen Auguststraße, läuft anschließend allein zum Hackeschen Markt und sieht dort, wie ein wild gewordener Mob Fensterscheiben zerschlägt und Läden plündert.

Zwei Tage nach den Gewaltakten erlässt die Reichsregierung eine Verordnung, die Juden den weiteren Betrieb von Einzelhandelsgeschäften und Handwerksbetrieben verbietet. Zugleich müssen die deutschen Juden eine »Sühneleistung« von letztlich 1,126 Milliarden Reichsmark aufbringen und werden verpflichtet, »das Straßenbild wiederherzustellen«. Zwei Monate später gelingt es Reginas Bruder Theo, mit einem ›Kindertransport‹ nach Großbritannien zu entkommen.

So sind die vaterlosen Geschwister nur noch zu dritt, als sie am 7. Januar 1940 den folgenreichsten Schicksalsschlag vor ihren Augen erleiden: den Tod ihrer 34-jährigen Mutter nach qualvoller Krankheit. Bald darauf geht auch Benno fort – nach Schniebinchen in der schlesischen Niederlausitz, um sich auf ein Kibbuzleben in Palästina vorzubereiten. Nach der Auflösung dieses ›Hachascharah‹-Lagers kommt er mit seinen Kameraden in das ›Landwerk‹ Neuendorf bei Fürstenwalde, wo er Zwangsarbeit leisten muss, und später nach Auschwitz. Regina und Ruth wiederum gelangen in das Jüdische Kinderheim in der Fehrbelliner Straße 92 im Prenzlauer Berg. Hier finden sie bei Mitzöglingen und Erzieherinnen eine Heimstatt, die sie für ihr Leben prägt. Sie bleiben bis zum Sommer 1942, als die Behörden das Kinderheim auflösen. Die meisten Kinder gelangen daraufhin zunächst in das ehemalige 2. Altersheim der Jüdischen Gemeinde an der Schönhauser Allee 22 und später in das Baruch Auerbach'sche Waisenhaus schräg gegenüber. Die Schwestern jedoch haben Glück: Man findet einen Pflegeplatz beim älteren Ehepaar Schier in der Dragonerstraße [heute: Max-Beer-Straße] in Mitte für sie.

Zu diesem Zeitpunkt sind die ›Judentransporte‹ aus dem Deutschen Reich und aus seiner Hauptstadt »in den Osten« bereits in vollem Gange. War Polen ab Herbst 1939 noch Experimentierfeld für die »völkische Flurbereinigung« der deutschen Eroberer, markiert der Angriff auf die Sowjetunion im Juni 1941 den Beginn der systematischen Judenvernichtung und den Auftakt für die Verschleppung der Juden aus Deutschland. Am 19. September 1941 tritt die Kennzeichnungspflicht in Kraft: Für alle sichtbar müssen jüdische Deutsche fortan den Gelben Stern tragen. Im Oktober 1941 ergeht ein Ausreiseverbot für die Juden im Reich. Bis dahin ist seit 1933 rund 90.000 die Flucht gelungen. Dann, am 15. Oktober, beginnen die Deportationen in den Tod. Der vierte Transport ist der erste aus Berlin. Er geht am 18. Oktober vom Bahnhof Grunewald in das Ghetto Litzmannstadt (wie Lodz seit 1940 heißt), dem zweitgrößten auf polnischem Boden, ab. Bis in das Frühjahr 1945 hinein folgen 180 mit über 50.000 jüdischen Kindern, Frauen und Männern aus Berlin – nach Minsk, Kowno, Riga, Warschau, Auschwitz oder Theresienstadt. Im 21. und 23. ›Osttransport‹ vom 19. Oktober und 29. November 1942 befinden sich auch Kinder aus dem Heim in der Fehrbelliner Straße – Reginas »Freundinnen und Kameraden«.

Da die Behörden die jüdischen Schulen bereits geschlossen haben, sind Regina und Ruth zur Zwangsarbeit verpflichtet – bis auch sie im März 1943 abtransportiert werden sollen. Beamte der Gestapo holen die Schwestern und das Ehepaar Schier im Morgengrauen ab und treiben sie über den Hackeschen Markt zum Sammellager in der Großen Hamburger Straße. Nach wenigen Tagen allerdings gelingt es ihrem Onkel Robert, die beiden Mädchen unter Vorspiegelung falscher Tatsachen und unter Lebensgefahr aus der Haft herauszuholen und damit vor der drohenden Verschleppung in die Gaskammern von Auschwitz zu retten. Die folgenden zwei Jahre – bis zu ihrer Befreiung – verbringen die Schwestern in der Wohnung ihrer Verwandten in ständiger Angst, aufgespürt oder von ›Greifern‹, jüdischen Gestapo-Zuarbeitern, verraten und gefasst zu werden. Hinzu kommen die fortwährenden Bombenabwürfe der Alliierten, die Berlin in eine »Ruinenstadt« verwandeln.

Im Frühjahr 1945 schickt die Tante Regina nach Heiligensee an der Havel, das am 22. April von der Roten Armee erobert wird. Die Stadt und ihre Einwohner bleiben weitgehend von den üblichen Übergriffen der sowjetischen Soldaten verschont. Am 2. Mai kapituliert die deutsche Hauptstadt, in der Nacht vom 8. auf den 9. Mai die Wehrmacht bedingungslos. Zunächst ist Berlin sowjetisch besetzt, im Sommer 1945 übernehmen Großbritannien, die USA und Frankreich ihre Besatzungszonen im Westteil.

In Berlin haben etwa 7.000 Juden als sogenannte U-Boote dank mutiger Retter und ihrer Helfer im Untergrund überlebt. Nach ihrer Rückkehr trifft Regina in der Berliner Innenstadt ihre Schwester Ruth wieder. Bald nach Kriegsende eröffnet die kleine Restgemeinde wieder ihre Büros in der Oranienburger Straße, die zum Anlaufpunkt für Gestrandete, Heimkehrer und Auskunftssuchende werden. Regina erlernt den Beruf einer Kinderpflegerin – im früheren jüdischen Säuglingsheim in Niederschönhausen in der Moltkestraße [heute: Wilhelm-Wolff-Straße] 36–38, nunmehr Zuhause für alleinstehende alte Rückkehrer aus Theresienstadt und elternlose Kinder [seit 1996 das Kinderhospiz *Sonnenhof*].

In dieser Situation erfahren die Schwestern, dass ihr Bruder Benno lebt und nach Palästina ausgewandert ist. Auch den Kontakt zum Vater in den USA können sie herstellen. Dieser wiederum telegrafiert dem anderen Bruder Theo, der als Soldat der britischen Armee Deutschland mit befreit hatte und sofort nach Berlin fährt. 1948 – während der sowjetischen Blockade West-Berlins – verlassen die Schwestern dann ihre Heimatstadt in Richtung Israel, das sich gleich nach Staatsgründung mitten in seinem ersten Krieg befindet. Dort treffen sie Benno wieder und beginnen ein neues Leben. Regina trifft ihren späteren Ehemann Helmut (Zwi), einen Überlebenden aus Posen, gründet eine Familie und baut sich eine Existenz im Heiligen Land auf.

Die Annäherung an das Erlebte Jahrzehnte später gestaltet sich für beide schmerzhaft und fällt noch immer schwer, die Vergangenheit – so Regina Steinitz – sei »immer Wirklichkeit«. Regina und Zwi haben es sich jedoch zur letzten Lebensaufgabe gemacht, trotz allem zu sprechen und Zeugnis abzulegen. Dieser mühsamen Erinnerungsarbeit sind Regina Steinitz' fast achtstündiges Videointerview und auf dessen Grundlage dieser Bericht zu verdanken, der vor allem eines zum Ziel hat – der jüdischen Mädchen und Jungen zu gedenken, die ihr Leben nicht leben durften, weil sie von den eigenen Landsleuten verschleppt und ermordet wurden, die gänzlich ausgelöscht wären, hätte Regina Steinitz ihnen nicht ihre Namen und ihr Schicksal zurückgegeben – als »Pflicht, für die anderen Kinder aus dem Kinderheim in der Fehrbelliner Straße das Wort zu ergreifen«.

Leonore Martin    Uwe Neumärker

## AUSWAHLBIBLIOGRAFIE


Benz, Wolfgang (Hrsg.): Überleben im Dritten Reich. Juden im Untergrund und ihre Helfer. München 2003.

Berlin-Museum (Hrsg.): Synagogen in Berlin – Zur Geschichte einer zerstörten Architektur. Teil 1: Die Gemeindesynagogen. Berlin (West) 1983.

Franken, Inge: Gegen das Vergessen. Erinnerungen an das Jüdische Kinderheim. Fehrbelliner Straße 92, Berlin-Prenzlauer Berg. Berlin 2010.

Friedländer, Saul: Das Dritte Reich und die Juden. Die Jahre der Verfolgung 1933–1939. München 2000.

Friedländer, Saul: Das Dritte Reich und die Juden. Die Jahre der Vernichtung 1939–1945. München 2006.

Gottwaldt, Alfred; Schulle, Diana: Die ›Judendeportationen‹ aus dem Deutschen Reich 1941–1945: eine kommentierte Chronologie. Wiesbaden 2005.

Gruner, Wolf: Judenverfolgung in Berlin 1933–1945. Eine Chronologie der Behördenmaßnahmen in der Reichshauptstadt. Berlin 2009.

Gruner, Wolf: Widerstand in der Rosenstraße. Die Fabrik-Aktion und die Verfolgung der ›Mischehen‹ 1943. Frankfurt am Main 2005.

Helas, Horst: Juden in Berlin-Mitte. Biografien, Orte, Begegnungen. Berlin 2000.

Jah, Akim: Die Deportation der Juden aus Berlin. Die nationalsozialistische Vernichtungspolitik und das Sammellager Große Hamburger Straße. Berlin 2013.

Kellerhoff, Sven-Felix: Berlin unterm Hakenkreuz. Berlin 2006.

Kellerhoff, Sven-Felix: ›Kristallnacht‹ – das Novemberpogrom 1938 und die Verfolgung der Berliner Juden 1924 bis 1945. Berlin 2008.

Kreutzmüller, Christoph: Ausverkauf. Die Vernichtung der jüdischen Gewerbetätigkeit in Berlin 1930–1945. Berlin 2012.

Kreutzmüller, Christoph; Weigel, Bjoern: Kristallnacht? Bilder der Novemberpogrome in Berlin. Berlin 2013.

Meyer, Beate; Simon, Hermann (Hrsg.): Juden in Berlin 1938–1945. Berlin 2000.

Mühlhoff, Martin; Vossiek, Christian: Missing Synagogues. 46 Ansichten in Berlin. Berlin 2011.

Nachama, Andreas; Schoeps, Julius H.; Simon, Hermann (Hrsg.): Juden in Berlin. Berlin 2001.

Nachama, Andreas; Neumärker, Uwe; Simon, Hermann (Hrsg.): Es brennt! Antijüdischer Terror im November 1938. Berlin 2008.

Nachama, Andreas; Neumärker, Uwe; Simon, Hermann (Hrsg.): Es brennt! 75 Jahre nach den Novemberpogromen. Berlin 2013.

Rürup, Reinhard (Hrsg.): Jüdische Geschichte in Berlin. Bilder und Dokumente. Berlin 1995.

Scheer, Regina: Ahawah, das vergessene Haus. Spurensuche in der Berliner Auguststraße. Berlin 1992.

Steinitz, Zwi: Als Junge durch die Hölle des Holocaust: Von Posen durch Warschau, das Krakauer Ghetto, Plaszow, Auschwitz, Buchenwald, Berlin-Haselhorst, Sachsenhausen bis Schwerin und über Lübeck, Neustadt, Bergen-Belsen, Antwerpen nach Erez Israel 1927–1946. Konstanz 2006.

Steinitz, Zwi: Vom Holocaust-Opfer zum Blumenexport-Pionier: Von Posen durch das Krakauer Ghetto und deutsche KZs nach Israel zum Gemüseanbau im Kibbuz und zum israelischen Blumenexport 1927–2007. Konstanz 2007.

Stiftung Denkmal für die ermordeten Juden Europas (Hrsg.): Sprechen trotz allem! Das Videoarchiv der Stiftung Denkmal für die ermordeten Juden Europas. Berlin 2014.

Tomaszewski, Jerzy: Auftakt zur Vernichtung. Die Vertreibung polnischer Juden aus Deutschland im Jahre 1938. Osnabrück 2002.

Wegweiser durch das jüdische Berlin. Geschichte und Gegenwart. Berlin (West) 1987.

Wildt, Michael; Christoph Kreutzmüller (Hrsg.): Berlin 1933–1945. München 2013.

## ABBILDUNGSNACHWEIS

Bildarchiv Abraham Pisarek: Abb. 14, 15, 16, 17, 18, 19, 20, 22
Landesarchiv Berlin: Abb. 1 (F Rep. 290_0284473), 3 (F Rep. 290_0223343)
Stiftung Denkmal: Abb. 34, 35, 36, 37, 39, 41, 42, 43, 47, 48
Wikipedia / Beek100: Abb. 40
www.dein-plan.de: Abb. 4
Regina Steinitz: alle übrigen

## ORTSNAMENKONKORDANZ

Auschwitz – Oświęcim
Bad Polzin – Połczyn-Zdrój
Bentschen – Zbąszyn
Belzec – Bełżec
Breslau – Wrocław
Danzig – Gdańsk
Gleiwitz – Gliwice
Jerusalem – Jeruschalajim
Kowno (Kauen) – Kaunas
Krakau – Kraków
Lodz (Litzmannstadt) – Łódź
Neapel – Napoli
Posen – Poznań
Rom – Roma
Schniebinchen – Świbinki
Theresienstadt – Terezín
Warschau – Warszawa

Abb. 1: Berlin, um 1930: Die 1866 eingeweihte Neue Synagoge in der Oranienburger Straße, mit 3.200 Plätzen das größte jüdische Gotteshaus Deutschlands.

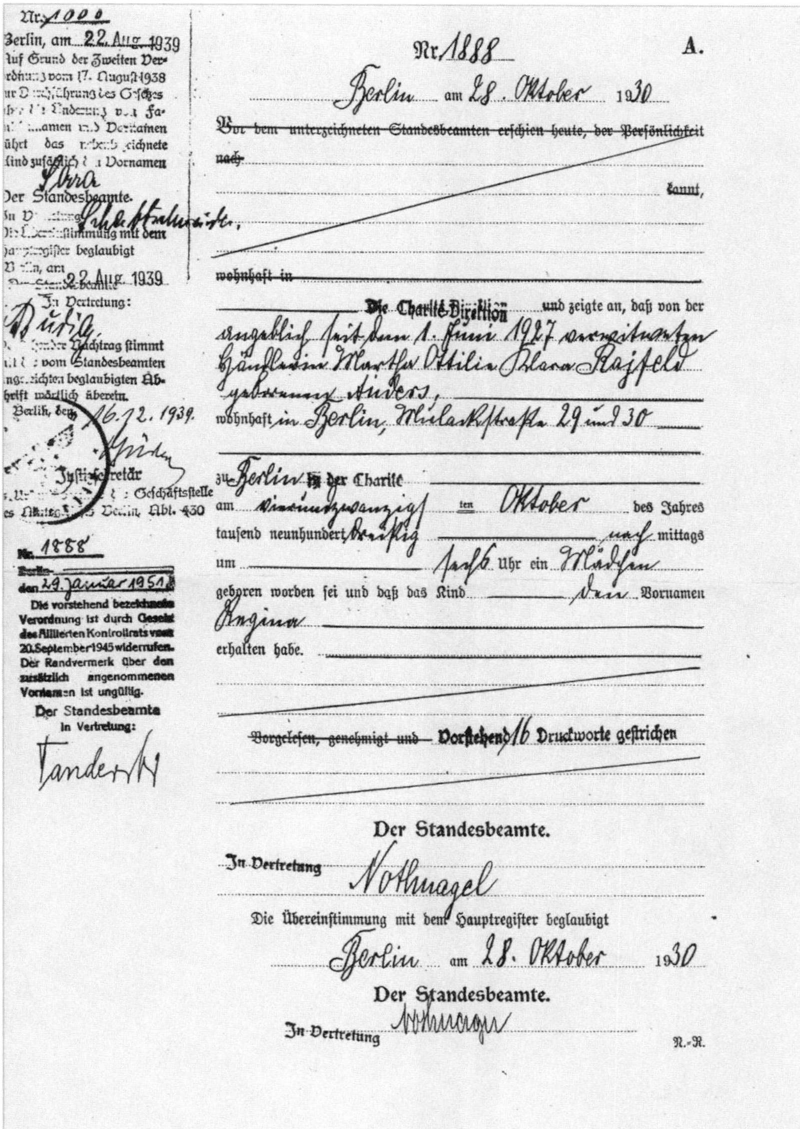

Nr. 1000
Berlin, am 22. Aug. 1939
Auf Grund der Zweiten Verordnung vom 17. August 1938 zur Durchführung des Gesetzes über die Änderung von Familiennamen und Vornamen führt das nebenbezeichnete Kind zusätzlich den Vornamen Sara
Der Standesbeamte.
In Vertretung Schachtschneider,
Die Übereinstimmung mit dem Hauptregister beglaubigt
Berlin, am 22. Aug. 1939
Der Standesbeamte
In Vertretung: Bütig
[illegible] Nachtrag stimmt [illegible] vom Standesbeamten [illegible] beglaubigten Abschrift wörtlich überein.
Berlin, den 16.12.1939.
[illegible]
Justizsekretär
[illegible] Geschäftsstelle des Amtsgerichts Berlin, Abt. 430

Nr. 1888
Berlin, den 29. Januar 1951.
Die vorstehend bezeichnete Verordnung ist durch Gesetz des Alliierten Kontrollrats vom 20. September 1945 widerrufen. Der Randvermerk über den zusätzlich angenommenen Vornamen ist ungültig.
Der Standesbeamte
In Vertretung:
Tandert

Nr. 1888 A.

Berlin am 28. Oktober 1930

~~Vor dem unterzeichneten Standesbeamten erschien heute, der Persönlichkeit nach~~ ~~kannt,~~

~~wohnhaft in~~

Die Charité-Direktion und zeigte an, daß von der angeblich seit dem 1. Juni 1927 verwitweten Häuslerin Martha Ottilie Klara Rajfeld geborene Anders,

wohnhaft in Berlin, Mulackstraße 29 und 30

zu Berlin in der Charité

am einundzwanzigsten Oktober des Jahres tausend neunhundert dreißig nachmittags um sechs Uhr ein Mädchen geboren worden sei und daß das Kind den Vornamen Regina erhalten habe.

~~Vorgelesen, genehmigt und~~ Vorstehend 16 Druckworte gestrichen

Der Standesbeamte.
In Vertretung Nothnagel

Die Übereinstimmung mit dem Hauptregister beglaubigt
Berlin am 28. Oktober 1930
Der Standesbeamte.
In Vertretung Nothnagel

N.-R.

Abb. 2: Regina Steinitz' Geburtsurkunde mit dem Vermerk des Zwangsvornamens *Sara* vom 22. August 1939 und dem Widerruf des Alliierten Kontrollrats vom 29. Januar 1951.

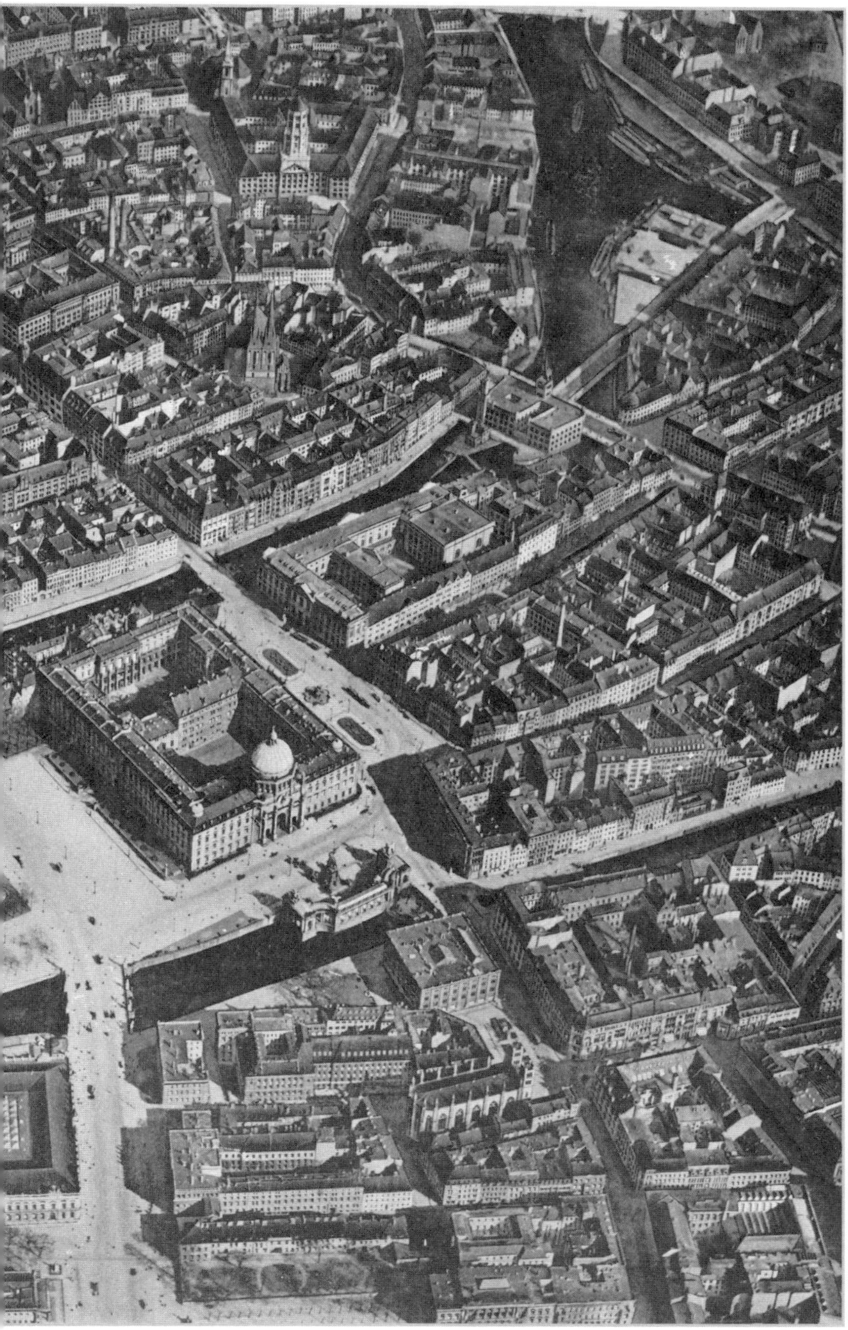

Abb. 3: Berlin, 1920: Luftbild des Stadtzentrums, vom Zeppelin aufgenommen, mit Schloss und Museumsinsel, Alexanderplatz und Polizeipräsidium (mittig oben) sowie der Spandauer Vorstadt (links).

Pappel Pl.
Veteranen Str.
Acker
Berg Str.
Bhf. Rosenth
Walhalla Th.
Markt H
Schröder S.
Borsig Str.
Elsässer
Str.
Rosenth Pl.
ROSENTHA LER
Joachim
Koppen Pl.
Linien
F.W.
August Str.
Oranienburger Str.
Gips Str.
Sophien Str.
Krausnick S.
Gr. Hamburger S.
Johannis Str.
Ziegel Str.
Finanz Amt
Johanneum
Am Weiden Dm.
Monbijou
Monbijou Pl.
Ehem. Kas.
Kais. Friedr. Mus.
Str.
Museum f. Meeres-Kunde
Museum
Stadtbahn
Friedrichstr.
Neu
Dom

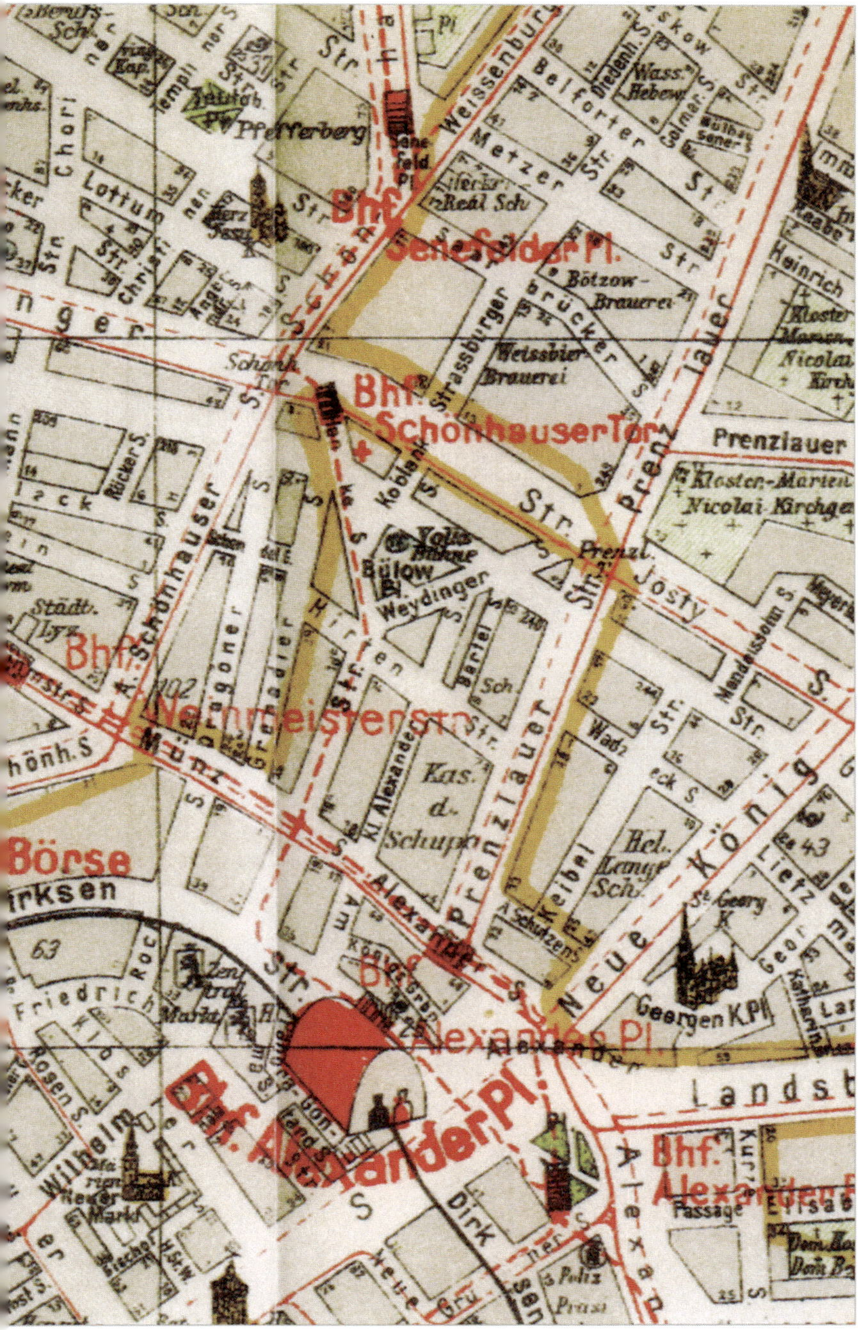


Abb. 4: Berlin, 1930: *Pharus*-Stadtplan der Berliner Mitte, wo Regina zu Hause war.

Abb. 5: Berlin, Koppenplatz, um 1936: Regina und Ruth mit ihren Eltern.

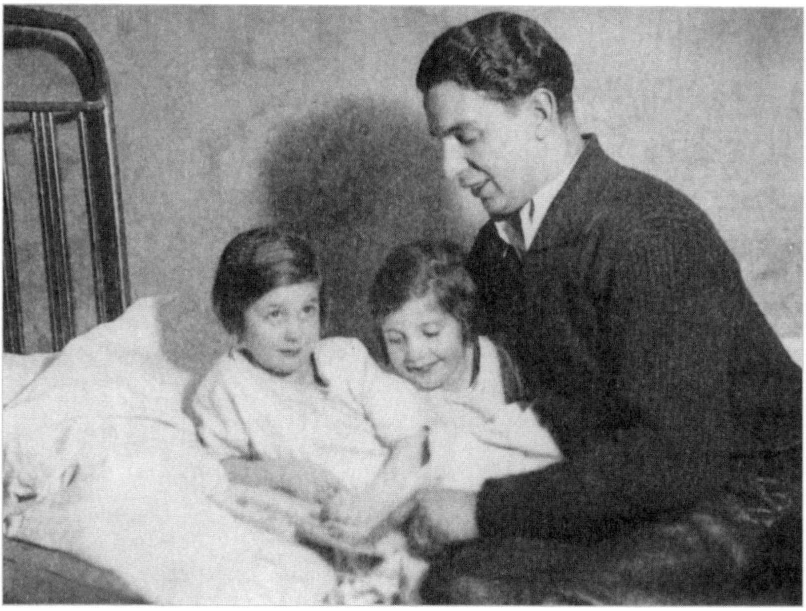
Abb. 6: Regina und Ruth mit ihrem Onkel Robert.

Abb. 7: Regina und Ruth mit ihrer Mutter und ihren Brüdern Benno und Theo.

Abb. 8: Die Schwestern mit ihrer Tante Mathilde vor dem Denkmal Friedrichs des Großen (1712–1786) am Boulevard Unter den Linden.

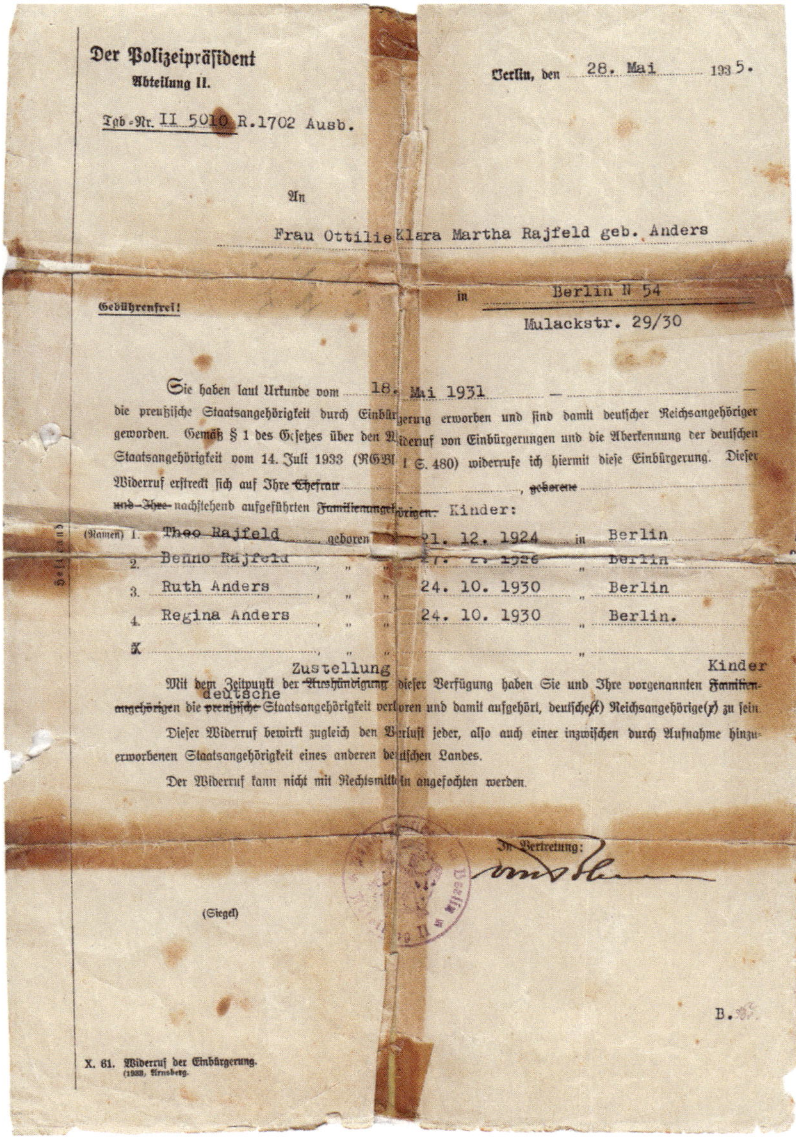

Der Polizeipräsident
Abteilung II.

Berlin, den 28. Mai 1935.

Tgb.-Nr. II 5010 R.1702 Ausb.

An

Frau Ottilie Klara Martha Rajfeld geb. Anders

Gebührenfrei!

in Berlin N 54
Mulackstr. 29/30

Sie haben laut Urkunde vom 18. Mai 1931 — die preußische Staatsangehörigkeit durch Einbürgerung erworben und sind damit deutscher Reichsangehöriger geworden. Gemäß § 1 des Gesetzes über den Widerruf von Einbürgerungen und die Aberkennung der deutschen Staatsangehörigkeit vom 14. Juli 1933 (RGBl. I S. 480) widerrufe ich hiermit diese Einbürgerung. Dieser Widerruf erstreckt sich auf Ihre ~~Ehefrau~~ ..., ~~geborene~~ ... ~~und Ihre~~ nachstehend aufgeführten ~~Familienangehörigen~~ Kinder:

| (Namen) | | geboren | | in |
|---|---|---|---|---|
| 1. | Theo Rajfeld | geboren | 21. 12. 1924 | in Berlin |
| 2. | Benno Rajfeld | „ | 27. 2. 1926 | „ Berlin |
| 3. | Ruth Anders | „ | 24. 10. 1930 | „ Berlin |
| 4. | Regina Anders | „ | 24. 10. 1930 | „ Berlin. |
| ~~5.~~ | | „ | | „ |

Mit dem Zeitpunkt der ~~Aushändigung~~ Zustellung dieser Verfügung haben Sie und Ihre vorgenannten ~~Familienangehörigen~~ Kinder die ~~preußische~~ deutsche Staatsangehörigkeit verloren und damit aufgehört, deutsche(r) Reichsangehörige(r) zu sein.

Dieser Widerruf bewirkt zugleich den Verlust jeder, also auch einer inzwischen durch Aufnahme hinzuerworbenen Staatsangehörigkeit eines anderen deutschen Landes.

Der Widerruf kann nicht mit Rechtsmitteln angefochten werden.

In Vertretung:

(Siegel)

B.

X. 61. Widerruf der Einbürgerung.
(1933). Arnsberg.

Abb. 9: »Gebührenfrei« ausgestellte Ausbürgerungsbescheinigung vom 28. Mai 1935 für die Mutter sowie alle vier Geschwister: Theo und Benno Rajfeld sowie Ruth und Regina Anders.

Abb. 10: Berlin-Mitte, Koppenplatz, 1936: Der erste Schultag.

Abb. 11: Die Schwestern und ihr Bruder Benno vor einer Eisdiele in der Rosenthaler Straße.

Abb. 12: Hamburg, um 1936: Aufnahme von Reginas Vater bei seiner Schwester Hella, die im Jahr darauf mit Familie in die USA auswandert. Vorn, v. r.: Onkel Jaakow, Hella mit ihrem jüngsten Sohn Arnold auf dem Schoß, Hellas Sohn Archi und sein Bruder Bernhard; hinten, v. r.: Hellas ältester Sohn Rudi und Onkel Robert, der 1943 die Schwestern rettet.

Abb. 13: Berlin-Prenzlauer Berg, 1940: Regina und Ruth im Kinderheim Fehrbelliner Straße 92.

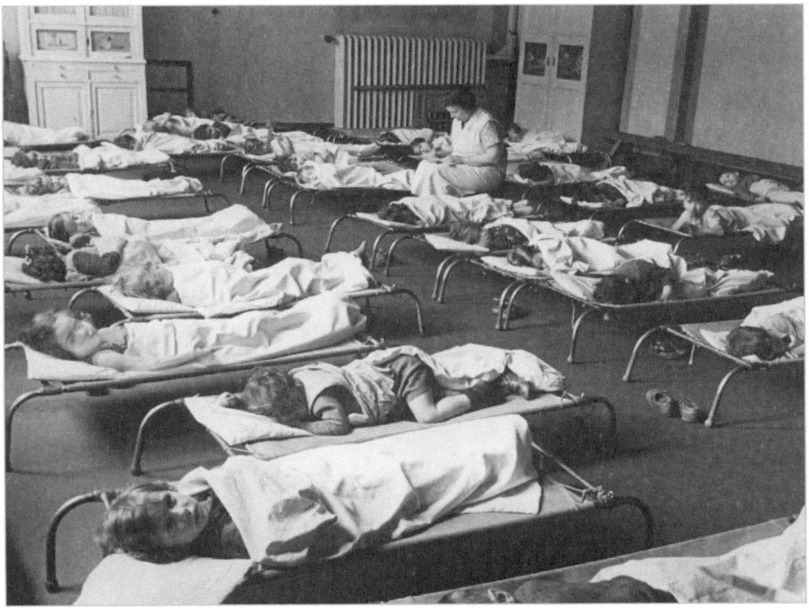

Abb. 14 und 15: Alltag im Kinderheim, unten mit Fräulein Guttman, 1936, Aufnahmen von Abraham Pisarek (1901–1983).

Abb. 16: Zöglinge und Erzieherinnen des Kinderheims, 1936/37: Links steht Fräulein Gerda Lewin, am Kopf des Tisches Heimleiterin Ida Bamberger. Vor ihr sitzen Erika und Meta Haitner, auf ihrem Schoß: Herbert Czerniak, links sein Bruder Ernst. Rechts von Erika Haitner steht Sylvia Wagenberg.

Abb. 17: Oben stehen Fräulein Lewin und Fräulein Bamberger, rechts sitzen Fräulein Guttman und in der Mitte Fräulein Ganz, auch Tante Rosa genannt. Beide Aufnahmen stammen von Abraham Pisarek.

Abb. 18: Berlin, 1941/42: Sylvia Wagenberg mit Stern und zwei Mitschülerinnen.

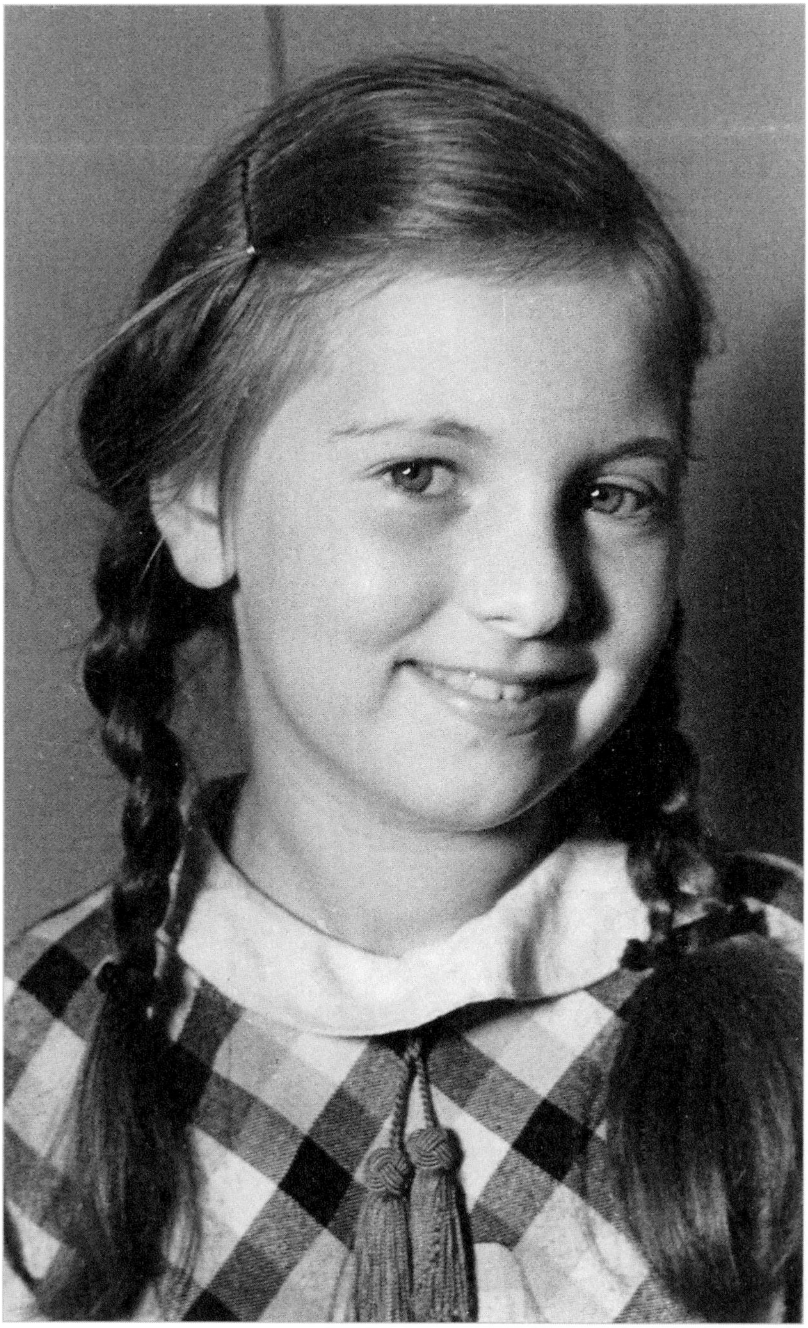

Abb. 19: Ruth Fuss, geboren am 4. September 1931 in Berlin, deportiert nach Riga am 19. Oktober 1942, dort erschossen. Aufnahme von Abraham Pisarek.

Abb. 20: Thea Fuss, geboren am 16. Januar 1930 in Berlin, deportiert nach Riga am 19. Oktober 1942, dort erschossen. Aufnahme von Abraham Pisarek.

Abb. 21: Die Zwillinge Ernst (Foto) und Herbert Czerniak, geboren am 7. April 1936 in Berlin, waren Zöglinge des Kinderheims. Sie wurden am 19. Oktober 1942 nach Riga verschleppt und dort erschossen.

Abb. 22: Meta Haitner (Foto), geboren am 28. November 1928 in Berlin, und ihre Schwester Erika, geboren am 23. Mai 1927 in Berlin, lebten im Heim in der Fehrbelliner Straße. Sie wurden am 29. November 1942 nach Auschwitz deportiert und in der Gaskammer ermordet. Aufgenommen von Abraham Pisarek.

Abb. 23: Regina und Ruth mit ihrer Freundin Ruth Pisarek, Tochter des berühmten Fotografen Abraham Pisarek, Nachkriegsaufnahme.

Abb. 24: Israel, 1971: 70. Geburtstag von Siegfried Baruch (1901–1973), Lehrer und Erzieher am II. Waisenhaus der Jüdischen Gemeinde in Pankow und später Leiter des Heims in Niederschönhausen, wo Regina den Beruf einer Kinderpflegerin erlernt.

Abb. 25 und 26: Berlin-Niederschönhausen, 1946/47: Regina mit ihren Heimkindern.

Abb. 26: Untere Reihe, v. r.: Dani Schaked und Willy Löhr. »Das kleine Köpfchen in der Mitte der oberen Reihe, rechts etwas verdeckt, ist Uri Levy«, schreibt Regina Steinitz. Rechts von Uri steht David Schütz.

Abb. 27: Kibbuz Netzer Sereni, 26. August 1949: Hochzeit von Regina und Zwi Steinitz (hinten, 2. und 3. v. l.).

Abb. 28: Kibbuz Netzer Sereni, 1955: Regina Steinitz (2. v. l.) mit ihrem Bruder Benno, ihrem Vater Simon Welner, der Zwillingschwester Ruth und dem Bruder Theo (v. l.).

Abb. 29: Israel, 1956: Regina und Zwi mit ihrem Sohn Ami.

Abb. 30: Reginas Vater mit seinen Söhnen in New York.

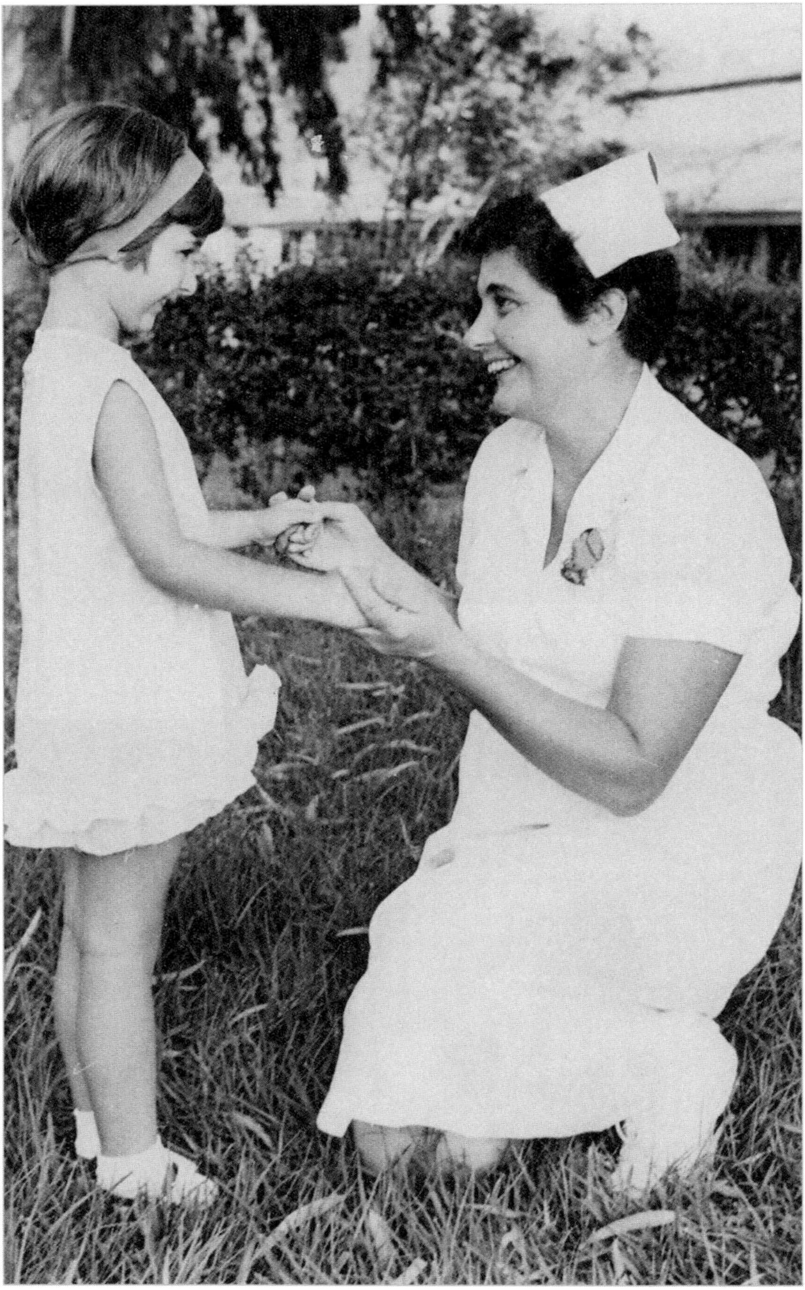

Abb. 31: Regina als Krankenschwester mit ihrer Tochter Schlomit.

Abb. 32: Israel, 1970er Jahre: Schwesternschule.

Abb. 33: 1976: Regina Steinitz mit Familie und Freunden in der Wohnung der Schwester Ruth. 2. Reihe, 2. v. l.: Willy Scharatzik, Reginas Vater, Klara Scharatzik und Irka Symchas Schwester. Die Scharatziks nahmen sich Ami und Schlomit Steinitz' als ›Adoptivgroßeltern‹ an.

Abb. 34 und 35: Großfoto einer Namensinstallation im Hausflur des früheren Kinderheims in der Fehrbelliner Straße und heutigen Stadtteilzentrums (oben) und Fassade des Gebäudes.

Abb. 36: Hinweisschild an der Hauswand.

Abb. 37: Tafel zu den Schwestern im Gebäude.

Abb. 38: Berlin, 2005: Regina und Ruth bei der Buchvorstellung von Inge Frankens *Gegen das Vergessen*.

Abb. 39: Berlin-Mitte, Rosenthaler Straße 40/41: Stolperstein für Reginas Freundin Anita Bukofzer, geboren am 15. März 1930 im pommerschen Bad Polzin, am 12. Januar 1943 nach Auschwitz deportiert und dort ermordet.

Abb. 40: Berlin-Mitte, Große Hamburger Straße: Gedenkstätte für das Gestapo-Sammellager am Ort des ehemaligen Jüdischen Altersheims, links die 1993 wiedereröffnete Jüdische Schule. Figurengruppe von Will Lammert (1892–1957).

Abb. 41: Berlin-Mitte, Auguststraße: Gebäude des jüdischen Kinderheims *Ahawah* und der Jüdischen Mädchenschule, die Regina zwischen 1936 und 1941 besuchte.

Abb. 42: Berlin-Mitte, Kleine Auguststraße: Informationstafel zur Synagoge *Ahawas Scholaum*, aus der Regina und ihre Brüder in der Pogromnacht 1938 Bücher retteten.

Abb. 43: Berlin-Prenzlauer Berg, Schönhauser Allee 162: der 2014 entstandene Erinnerungsort für die über 140 deportierten und ermordeten Zöglinge und Betreuer des Baruch Auerbach'schen Waisenhauses.

Abb. 44: Berlin-Mitte: die am 13. Mai 2011 in der Torstraße 112 [früher Lothringer Straße 54] verlegten Stolpersteine für Reginas Freundinnen Erika und Meta Haitner.

Abb. 45: Berlin-Mitte, Fehrbelliner Straße 81, 28. April 2012: Verlegung von Stolpersteinen für Familie Fuss in Anwesenheit von Regina Steinitz und Eva Fuss, der dritten Schwester, die 1940 in Schweden geboren wurde.

Abb. 46: Die Stolpersteine für Reginas Freundinnen Thea und Ruth sowie deren Vater Abraham Fuss (1891–1942, ermordet im KZ Sachsenhausen).

Abb. 47 und 48: Tel Aviv, November 2011: Regina und Zwi Steinitz nach ihren Interviews für das Videoarchiv *Sprechen trotz allem*.

Abb. 49: Berlin, 2013: Regina und Zwi Steinitz vor der Litfaßsäule, die im Rahmen des Themenjahres *Zerstörte Vielfalt* am Holocaust-Denkmal aufgestellt war.

Stiftung
Denkmal für die
ermordeten Juden
Europas